KB188741

법구경 마음공부

걱정 많은 삶을 평온하게 바꾸는 법

법구경
마음공부

정운 지음

· 일러두기

1. 이 책은 빨리본(빨리어는 고대 인도어 중 하나로, 초기불교 경전은 빨리어로 결집되어 있어 빨리본이라고 함)《법구경》을 저본으로 한다.
2. 빨리본《법구경》은 총26품으로 이루어져 있으며, 이 책에서는 각 품의 한역 제목을 사용하는 대신 실정에 맞는 우리말로 풀어 표기한다.
3. 빨리본《법구경》은 423게송(불교에서 부처님의 공덕이나 가르침을 찬탄하는 한시 형식의 노래)이며, 이 책에서는 순서별이 아닌 주제별로 구성한다.
4. 이 책의 불교 용어는 우리나라에서 오랫동안 쓰고 있는 것(산스크리트)으로 표기한다.
5. 불교의 법수(法數)는 아라비아숫자를 사용한다(3독, 4성제, 6근 등등).
6. 이 책에 언급되는 '부처님'은 몇 곳을 제외하고, 성불(成佛)을 뜻하는 보통명사 '부처'가 아니라 역사적으로 출현한 '석가모니 부처님'을 지칭한다(석가모니 부처님은 '석가 종족에서 나온 성자'라는 뜻이며, 기원전 624년에서 기원전 544년까지 80년간 생존하신 기간을 재세시(在世時)라고 표현한다).

"이 세상 모든 존재의 행복을 위하여"

세상이 혼란스럽고 마음이 불안할수록 부처님의 가르침은 삶에 큰 도움이 된다. 이런 이유로 불교에 대한 관심은 날로 커지고 있다. 그러나 '불교는 어렵다'라고 생각하는 이들이 여전히 많다. 불교가 수행과 연관돼 있고, 경전 내용 또한 너무 방대하기 때문이다. 게다가 신앙적인 특성도 갖고 있다. 수행, 신앙, 불교학 등 다양한 측면에서 살펴야 하기 때문에 접근하기 어려워 보이는 것이다. 그러나 알고 보면 그렇지 않다.

불교의 역사를 간단히 언급하면 이러하다. 2,500여 년 전에 탄생한 불교는 크게 초기불교와 대승불교로 나뉜다. 초기불교란 석가모니 부처님이 살아 계셨던 때부터 대승불교가 탄생하기 전까지의 불교를 말한다. 그리고 기원전 1세기경 보살들이 당시 부파불교(부처님께서 열반하신 뒤 제자들 사이에서 견해의 차이가 생겨 여러 갈래로 분열되었던 시대의 불교) 교단에 반발하면서 등장한 것이 대승불교이다. 현재 초기불교는 스리랑카·미얀마·태국 등을 중심으로 발전하고 있으며, 중국·한국·일본·티벳·베트남 등의 국가에서는 주로 대승불교를 따른다.

오늘날 불교학은 부처님의 사상, 부파불교 및 대승불교 시대를 거치면서 정립된 사상, 학자들에 의해 등장한 론(論)과 선사들의 어록(語錄) 등이 합쳐져 만들어진 학문 체계를 의미한다. 특히 동아시아에서 대승불교가 발전하면서 중국에서 수많은 종파와 불교학이 발전했다. 초기불교와 대승불교는 진리 차원에서는 대동소이하지만, 수행 방법에서 큰 차이가 있다.

이 책에서 다루는 《법구경(法句經)》은 초기불교 사상을 담은 경전으로, 석가모니 부처님의 말씀을 토대로 한다. 후대 경전보다 먼저 편집되었으며, 부처님 재세시의 모습과 당시 시대 상황이 그대로 담겨 있어 불교 진리를 이해하는 데 도움이 된다. 필자는 대승불교를 전공했지만, 10여 년 전 미얀마에서 위빠사나(Vipassanā, 초기불교의 명상 수행법) 명상을 하며 초기불교 공부에도 심혈을 기울였다. 당시 《법구경》을 통해 초기불교의 학문적 면모와 수행을 이해할 수 있었고, 불교학 체계를 구축하는 데 도움 받았다. 또, 삶의 가치관과 불교관을 정립하는 계기가 된 경전이기도 하다.

대부분의 대승불교 경전이 교리상의 문제나 계율적인 쟁점을 다루는 것과 달리, 《법구경》은 누구나 삶의 진리를 깨닫고 실천할 수 있도록 짤막한 시를 통해 전한다. 이를 한 구절씩 읽어 내려 가다 보면, 삶의 바른 행로를 전하고자 하는 부처님의 목소리가 마음속에서 생생하게 들려올 것이다. 문학적 향기까지 느껴지는 《법구경》의 잠언들은 어느 대목이든 가슴에 와닿고, 인생의 지침으로 삼아도 좋을 만큼 달콤하다.

누구든 이 한 권의 책을 통해 불교의 진리를 이해할 수 있도록 엄선해 안배하였다. 차츰차츰 읽다 보면 불교학의 전체적인 틀을 다양한 방면에서 파악하는 안목이 키워질 것이다. 무엇보다도 감사한 사실은 경전이 주는 진리의 기쁨을 독자들과 함께 나눌 수 있게 되었다는 점이다. 이 책을 통해 만나는 독자님과 이 세상의 모든 존재가 행복하길 간절히 발원한다.

2024년 만물이 소생하는 따스한 봄날
북악산 북촌불교문화원에서
정운 합장

《법구경》이란
어떤 경전인가

《법구경》이란 무엇인가?

《법구경》은 빨리어(pāli, 고대 인도어 중 하나)로 '담마빠다(Dhammapāda)'라고 한다. 여기서 담마(Dhamma)는 법이나 진리, 빠다(pāda)는 구(句)나 말(언어)을 뜻한다. 즉, '가르침의 말씀', '진리의 길'이라는 뜻이다. 초기불교 교단 내에서 여러 형태로 구전(口傳)되던 시(詩, 진리)를 모아 만든 경전으로, 《법구경》 한 권만으로도 부처님의 사상과 진리를 이해할 수 있다. 또한, 대승경전에서 볼 수 없는 해학과 통쾌한 진리가 담겨 있다.

《법구경》의 불교사적 위치

《법구경》은 《숫타니파타》와 함께 초기불교를 대표하는 경전이다. 대략 기원전 3세기 말에서 기원전 2세기 초 사이에 편집된 것으로 추정한다. 19세기 말부터 여러 학자에 의해 영문 번역이 시도되었는데, 가장 오래된 영역본은 1881년 독일인 막스 뮐러의 《담마빠다》이다. 그 뒤로도 여러 언어로 다양한 형태의 번역본이 출간되었는데, 각 나라 언어로 가장 많이 번역된 불교경전이 바로 《법구경》이다.

우리나라에 유통되는 《법구경》은 빨리본과 한역본 두 가지 형태이다. 여기서 빨리본이란 상좌부불교(미얀마·태국·스리랑카 등에서 따르는 남방불교)에 유통되는 경전이고, 한역본은 우리나라를 포함한 대승불교 국가에서 유통되는 경전이다. 두 본의 《법구경》은 배열 방식이나 내용이 다르다.

과거에 우리나라에는 한역본만 유통되었다. 그러나 1992년 거해 스님의 빨리본 《법구경》이 처음 출간된 뒤 여러 번역자에 의해 빨리본 《법구경》이 출판되었다. 빨리본 《법구경》이 널리 유통하게 된 데는 두 가지 이유가 있다.

첫째, 우리나라 출·재가자들이 미얀마나 태국 등지에 직접 가서 위빠사나 수행을 하고 한국에 돌아와 이를 보급했다. 둘째, 인도나 스리랑카, 독일, 영국 등지로 유학을 다녀온 초기불교 학자들이 국내로 돌아와 활동하면서 초기불교의 성격을 띤 불교학이 발전하였다. 이 두 가지 이유 덕분에 한국에서도 초기불교 경전인 빨리본 《법구경》이 널리 유통되게 되었다.

《법구경》은 어떤 내용을 담고 있는가?

이 책의 저본(底本, 본래의 책)인 빨리본 《법구경》은 26장 423게(偈)로 구성되어 있다. 즉, 주제가 26가지이며, 게송이 423구라는 뜻이다. 이 경전은 출가자에게는 수행에서 해탈로 직결하는 길을 알려 주고, 일반 사람들에게는 삶의 바른 길을 제시한다. 《법구경》이 담고 있는 내용을 주제를 모아 보면 다음과 같이 불교의 근본 가르침을 주축으로 하고 있다.

- 수행 원리
- 도덕적 규범
- 마음의 현상 및 변화
- 연기설
- 인연
- (악행에 따른)업보
- 무상(無常)
- 무아(無我)
- 고(苦)
- 3계(욕계, 색계, 무색계)
- 4성제
- 5온
- 8정도
- 중도(中道)
- 18계(6근+6경+6식)

- 자신
- 참회
- 정진(게으름경고)
- 늙음
- 병고(病苦)
- 죽음
- 지옥
- 윤회
- 다양한 진리
- 3독(탐욕+분노+어리석음)
- 번뇌
- 지혜로운 삶
- 세속 생활
- 행복
- 해탈(열반)

법구경 마음공부

또한, 수행 방법이나 불자로서의 생활 지침을 꽃·코끼리·말·원숭이·소·돼지·숫자 1,000 등에 비유해 강조하고, 아라한(깨달은 성자)·비구·바라문(고귀한 수행자)·부처님 등을 주제로 참삶의 본보기를 제시하고 있다.

　《법구경》은 부처님의 사상과 설법이 고스란히 담겨 있어 '불교 진리의 정수'라고 해도 과언이 아니다. 인간의 탐욕과 분노, 어리석음으로 인해 발생된 고통이 무엇인지를 깨닫게 하고, 그 고통을 제거할 길을 제시하며, 고통을 제거했을 때의 참 행복과 해탈이 무엇인지를 알려 준다. 모두에게 행복한 삶의 이정표를 제시하는 것이다.

　이처럼 《법구경》에는 수천 년이 흘러도 여전히 우리 삶에 감동과 깨달음을 주는 말씀들이 가득 담겨 있어, 고대부터 현재까지 전 세계 사람들로부터 애독되고 있다.

제1장

"삶의 무상함을
기억하라"

불안을 다스리는 부처의 말씀

제2장

"나부터
돌아보라"

성숙한 마음을 만드는 부처의 지혜

제3장

"버려야
채워진다"

집착을 내려놓게 할 부처의 조언

제4장

"남을 나처럼
생각하라"

좋은 인연을 만드는 부처의 지혜

제5장

"자신을
놓치지 말라"

나다운 삶을 찾아 주는 부처의 가르침

제6장

"늘 마음을 다하여라"

목표를 이루게 할 부처의 조언

제7장

"항시 끝을 생각하라"

후회 없이 살게 할 부처의 가르침

제1장

"삶의 무상함을 기억하라"

불안을 다스리는 부처의 말씀

나를 구속하는 것을
찾아내라

— 무아 —

존재하는 모든 것에 '나'라고 할 만한 실체가 없다.
내적(內的)인 지혜로 잘 관찰하면,
모든 고뇌와 고통을 멀리 떨쳐낼 수 있다.
오직 청정한 해탈을 얻는 길이다.
〈해탈로 가는 길 이야기(道行品)〉 279

　제법무아(諸法無我)란 존재하는 모든 것에 '나'라는 실체가 없
다는 뜻이다. 항상 변하지 않는 '나'가 있다고 한다면, 상일성
(常一性)과 주재성(主宰性)이 있어야 한다. 그런데 몸과 마음은 시
시각각 끊임없이 변하고 있어 똑같지 못하다. 타인이 나를 마
음대로 할 수 없을지라도 나 자신만큼은 내 마음대로 할 수 있
는 주재성도 가져야 하건만, 그렇지도 못하다. 이와 같이 상일

성과 주재성이 없으면 끊임없이 생멸(生滅) 변화하는 삶 그 어디에도 '나'라고 할 만한 실체가 없다.

어렵게 들릴 수도 있다. 차근하게 무아(無我) 사상을 들여다보자. 무아는 부처님께서 제자들에게 가장 많이 주셨던 수행 주제이다. 또한, 무상과 더불어 불교를 이해하는 첫걸음이다.

자동차는 수많은 부품으로 구성되어 있다. 그렇지만 운전대만 놓고 자동차라고 할 수는 없다. 마찬가지로 바퀴만을 떼어 놓고 자동차라고 할 수 없으며, 와이퍼만 떼서 자동차라고 할 수도 없다. 그러면 자동차는 무엇인가? 운전대, 바퀴, 와이퍼 등 수많은 요소가 결합한 자체를 자동차라고 명명하는 것이다. 인간도 마찬가지다.

인간은 5온(색, 수, 상, 행, 식)으로 결합되어 있다. 여기서 색(色)이란 인간을 구성하는 요소(4대, 地水火風)로써 육체를 가리킨다. 수(受, 느낌), 상(想, 형체에 대한 개념), 행(行, saṅkhārā), 식(識, 인식 기능)이란 정신 기능을 말한다. 육체인 색만을 가지고 '나'라고 할 수 없고, 정신인 수, 상, 행, 식 하나만 두고도 '나'라고 할 수 없다.

육체와 정신을 합쳐 한 덩어리(5온)로 모여야 한다. 즉, 인간은 눈, 귀, 코, 혀, 수많은 장기 등으로 구성되어 있으므로 눈 하나만 두고 인간이라고 할 수 없고, 몸속의 신장을 떼어 인간이라고도 할 수 없다. 모든 요소가 뭉쳐야 인간인 것이다. 이처럼 5온이 하나가 되어 나를 이룬다고 하여 5온무아(五蘊無我), 또는 5온개공(五蘊皆空)이라고 한다.

> "중생의 육신은 지, 수, 화, 풍 4대로 구성되어 있음이요, 지, 수, 화, 풍이라는 낱낱 이름만이 존재할 뿐이다. 이 4대 어디에 '나'라고 할 만한 실체가 없다. '나'는 어디에도 없나니 이는 마치 허깨비와 같다."
>
> 《사십이장경(四十二章經)》

이렇게 '나'라는 존재를 해체하고 분해해서 볼 때 '나'라고 인정할 만한 조건은 곧 5온의 한 작용과 4대로 뭉쳐진 것에 불과하다. 그러니 '나'라는 존재를 어떤 형태로 설명할 수 있겠는가? 마음도 몸도 매 순간 변하기 마련인데, 어느 순간을 잡아서 '나'라고 정의할 것인가?

지금 이순간에도 변화하고 있는 '나'

무아 사상은 초기불교의 사상으로, 대승불교에서는 공(空) 사상으로 발전하였다. 우리나라에 유통되고 있는 대승불교 경전에 나타난 공 사상은 무아의 연장으로 보면 된다. 우리나라 불자들이 가장 많이 독송하는 《반야심경(般若心經)》 첫머리에 이런 말이 나온다.

"관음보살이 깊은 반야바라밀다를 행할 때, 다섯 가지 쌓임(5온)이 공이라는 것을 관조해 깨닫고 모든 고통과 고뇌에서 벗어났다(照見 五蘊皆空 度一切苦厄)."

반야의 공관(空觀, 무아를 뜻함)으로 있는 그대로 봄으로써 거기에서 해탈의 길을 발견한다는 내용이다. 또 《금강경(金剛經)》에도 이런 말이 나온다.

"무아법을 통달했다면 여래는 이런 이를 참다운 보살이라고 한다(通達無我法者 如來說名眞是菩薩)."

우리 눈앞에 펼쳐지는 모든 현상은 인연생기(因緣生起)에 의해 나타난다. 어떤 것도 홀로 존재할 수 없으며, 어떤 것도 영원할 수 없다. '나'라고 할 만한 것이 존재하지 않는다(무아). 또한 고정불변하는 실체가 없다(무상). 끊임없이 변화하는 것이다.

나로 예를 들자면, 이 글을 쓰고 있는 잠깐 사이에도 몸 안에

법구경 마음공부

서는 몇 개의 세포가 사라지고 새로운 세포가 생겼을 것이다. 오늘은 외출하고자 했던 어제의 계획과 생각을 바꿔 글을 쓰고 있다. 아니, 방금 전에는 독서하고자 했던 계획을 글 쓰는 일로 바꾸었다.

이렇게 마음조차 잠시도 여일(如一)하지 못하고 순간순간 변하고, 육신 또한 끊임없이 죽음으로 향해 간다(무상). 무아는 무상을 바탕으로 하며, 무상과 무아는 불교 사상의 시작이자 끝이다.

'내 것'이라는 생각을 버려야 산다

한 개인도 내세울 것이 없건만, 자녀를 자신의 것이라고 착각하여 마찰이 발생하는 경우가 많다. 또한, 사랑하는 사람이라는 이유로 상대를 소유 대상으로 여기는 태도도 윤회의 원인을 만들어 낸다. 《법구경》 제62번 게송에서도 이렇게 말하고 있다.

"어리석은 자는 '이 아이는 내 자식이다', '이것은 내 재산이다'라고 집착하며 걱정한다. 자기 자신조차 '자신의 것'이 아니거늘 어찌 하물며 자식과 재산을 자기 소유물로 집착하는가?"

불교에서는 자식을 부모와 분리 독립된 완전체로 본다. 부모의 육신을 빌려 세상에 태어나기는 했지만, 인간은 각자의 업(業)에 따라 세상을 살기 때문이다. 종종 미성숙한 어른들이 극단적인 선택을 하면서 어린 자식들을 동반하는 경우를 본다. 당사자들은 힘들어서 그렇겠지만, 자식을 동반하여 자살하는 행위는 살인이다. 자식은 절대 부모의 소유가 아니다.

우리가 소유하는 물건도 살아생전 잠시 빌려 쓰다가 두고 가는 것인데 '내 것'이라고 집착하니 타인과 다툼이 일어나는 것이다. 이렇게 내 마음대로 되는 것은 없다는 사실을 외면하고 '내 것'이라는 개념에 빠지는 순간 고통의 늪에서 허우적거리게 된다.

근자에는 이혼이 늘고 있다. 특히 유명인 중에는 이혼하면서 서로를 비난하는 경우도 잦다. 그런데 이혼은 둘만의 비극으로 끝나지 않는다. 양쪽 집안의 어른들, 아이들까지 상처받는다. '나'라는 허울 좋은 자존감, 즉 아만, 아상(我相, ego)이 강하기 때문에 충돌하는 것이라고 생각한다. 보통 대인관계에서 발생하는 문제의 발단도 그 중심에 '나'만 있는 데서 생긴다. 자신과 뜻이 맞지 않으면 상대를 '나쁘다'라고 평가하고 비난한다. 부처님께서는 지나치게 자기 집착이 강한 사람에게 아만심을 극복하기 위한 수행법으로 무아를 제시하셨다.

무아 사상을 연기(緣起) 사상과 연관해 생각해 보자. 모든 존재는 여러 조건과 관계 속에 놓여 있다. 우리가 사는 세상사도 그러하다. 모든 존재는 조건에 의해 잠깐 형성되었다가 조건에 의해 변화한다. 다시 말해, 눈앞에 벌어진 현상들은 인연(관계)에 의해 나타났다가 인연이 맞지 않으면 흩어진다.

사람과의 관계도 모든 것은 인연에 의해 잠깐 형성되었다가 인연이 다하면 흩어진다. 《수호지(水滸誌)》에서도 '인연이 있으면 천리에 떨어져 있어도 만나지만, 인연이 없으면 얼굴을 마주하고서도 만나지 못한다(有緣天里來相會 無緣對面不相逢)'라고 하였다. 인연이 맞지 않으려면 삶아 놓은 계란에서도 병아리가 부화해 도망가는 법이다.

모든 것들이 이렇게 조건 속에 이루어진다. 그래서 무아 사상을 공부할 필요가 있다. 이 무아 사상은 인간이 얼마나 무지하고 욕심에 찌든 존재인지 깨닫도록 하며, 깨우친 다음 나아가야 할 참다운 길을 제시하는 진리이다.

8만 4천 번뇌를
넘어서라

─── 고통과 고뇌 ───

"모든 조건 지어진 것은 다 고(苦)다.
내면의 지혜로 꿰뚫어 보는 사람은
고뇌와 고통을 여읜 분이다.
오직 청정한 해탈을 얻는 길이다."

〈해탈로 가는 길 이야기〉 278

싯달타(부처님 어린 시절 이름) 왕자는 춘궁제에 맞추어 아버지 정반왕과 함께 궁 밖으로 행차를 나갔다. 왕의 행렬이 어느밭에 이르러 잠시 멈추었을 때, 어린 싯달타는 새가 날아와 벌레를 쪼아 먹는 모습을 보았다. 싯달타는 나무 그늘에 홀로 앉아 '왜 세상은 약자가 강자에게 잡아먹혀야 하는가?'라는 강한 의문을 품고, 약자의 슬픔을 골똘히 사색했다.

법구경 마음공부

수년이 흐른 뒤 궁 밖에 나간 싯달타는 이번엔 병든 사람과 늙은 노인을 보고 가슴 아파했다. 그 뒤로 또 몇 년이 더 흐른 뒤, 궁 밖에 나간 싯달타가 한 거적더미를 보고 신하들에게 물었다.

"저것은 무엇이냐?"

"죽은 사람입니다."

싯달타는 왕자의 신분으로 자랐기에 죽음에 대해 알지 못했다. 싯달타는 궁 밖에서 죽은 자들을 본 뒤 늙고 병들고 죽어가는 고통의 실체를 어떻게 하면 해결할 수 있을지 깊이 궁구(窮理)하기 시작했다.

몇 년이 더 흐른 뒤, 궁 밖으로 나가 사문(沙門)이 지나가는 것을 본 싯달타는 '내가 저 사문처럼 출가해서 4고(生老病死)를 해결해야겠구나'라고 생각한다. 여기서 사문이란, 당시 인도에서 바라문(제사장) 계급에 반대해 출가한 수행자들을 칭한다. 부처님도 이 사문 가운데 한 분이다. 불교에서 사문이라는 용어를 차용해 썼으며, 지금도 불교 승려를 사문이라고 부른다. 또한 싯달타가 동서남북 4대문 궁 밖으로 나가서 늙은 사람, 병든 사람, 죽은 사람, 수행하는 사람을 본 일을 '사문유관(四門遊觀)'이라고 칭한다. 부처님께서는 생로병사, 즉 4고를 여의기 위해 출가한 것이다.

불교에서는 4고 이외에도 8고가 있다. 8고란 앞의 4고를 포함해 다음 네 가지를 말한다. 사랑하는 사람과 헤어지는 애별리고(愛別離苦), 원수와 만나는 원증회고(怨憎會苦), 구하고자 하는데 얻지 못하는 구불득고(求不得苦), 정신적·육체적으로 욕망이 치성한 오음성고(五陰盛苦)이다.

또한 고를 유형에 따라 세 가지로 분류하기도 한다. 첫 번째 고고(苦苦)는 육체적인 아픔이나 정신적인 괴로움이고, 두 번째 행고(行苦)는 시간의 흐름에 따라 변화함으로써 받는 괴로움, 세 번째 괴고(壞苦)는 물건이 부서지거나 생명의 죽음과 같은 멸(滅)함으로부터 받는 괴로움이다.

세 가지 유형(고고, 행고, 괴고)으로 발생하는 괴로움을 있는 그대로 받아들이지 않고, 죽지 않고 영원히 살길 바라며, 파괴되는 습성의 물건을 영원히 가지려고 욕심 부리고, 내가 사랑하는 사람이 나를 영원히 사랑했으면 하는 욕망 등이 마음속에 자리하고 있기 때문에 고가 발생한다. 즉, 무상(無常)에 역행하기 때문에 생기는 것이 고이다.

일체개고(一切皆苦)란 '모든 조건 지어진 것이 고통'이라는 뜻이다. 모든 만물은 영원하지 않고, 덧없음으로 실체가 없다. 모든 것이 실체가 없기 때문에 고일 수밖에 없다. 그래서 정신적으로 힘든 것은 '고뇌'라고 하고, 육체적으로 힘든 것은 '고통'

법구경 마음공부

이라고 명명한다.

　그러면 중생에게는 8고만 있을까? 부처님께서는 인생의 괴로움을 8만 4천 번뇌라고 하셨다. 여기서 8만 4천은 구체적인 수치라기보다는 매우 많다는 상징적인 의미이다. 중생마다 각기 다양한 고를 갖고 있으며 무수하기 때문에 그만큼의 진리가 필요하다고 해서 번뇌에 대처하는 '8만 4천 법문'이라고 명명한다.

　고를 없애고자 한다면 부처님처럼 출가해서 깨달아야 한다. 그런데 출가가 그리 쉬운 일이겠는가? 다행히 중생에게도 고를 해결할 답이 있다. 이 세상 모든 존재의 실체를 정확히 보고, 마음이란 존재를 어떻게 변화시키느냐에 따라 고가 발생하기도 하고 극락이 되기도 한다는 사실을 인지하면 된다.

행복과 불행은 종이 한 장 차이

　옛날 어느 마을에 울보 할머니가 있었다. 할머니는 햇볕이 쨍쨍한 날이든 비가 오는 날이든 마을 어귀에 앉아 늘 울고 있었다. 간혹 그 마을을 지나며 할머니의 기이한 행동을 몇 번 보았던 한 나그네가 어느 날 마음먹고 할머니에게 물었다.

　"할머니, 할머니는 왜 비가 오면 '비가 온다'고 울고, 햇볕이 쨍쨍하면 '날이 좋다'고 우십니까?"

"나는 일찍이 과부가 되어 딸 둘을 키웠습니다. 그런데 큰딸은 짚신 장수한테 시집을 갔고, 작은딸은 우산 장수에게 시집을 갔습니다. 날이 좋으면 작은딸네 우산이 잘 팔리지 않을까 걱정되어 울고, 비가 오면 큰딸네 짚신이 잘 팔리지 않을까 걱정되어 웁니다."

"할머니, 이제는 이렇게 생각을 바꿔 보세요. 맑은 날에는 큰딸네 장사가 잘될 것을 생각하며 즐겁게 웃고, 비가 올 때는 작은딸네 우산이 잘 팔릴 것을 생각하며 행복하게 웃으십시오."

나그네의 조언을 들은 이후로 할머니는 더 이상 울지 않게 되었다. 불행(고)과 행복도 결국 한 순간의 생각에 의해 바뀌는 법이다.

고대 로마의 철학자 에픽테토스(Epictetus)는 "사람은 사물 때문에 괴로워하는 것이 아니라, 사물에 대한 '생각' 때문에 괴로워한다"라고 하였다. 똑같은 상황을 어떻게 바라보느냐에 따라 행복과 불행이 나눠진다는 말이다.

불교에서는 이를 두고 "한 생각에 따라서 어리석은 중생도 되지만, 지혜로운 부처도 된다(成佛成魔一念之間)"라고 말한다. 어떤 상황(또는 사건, 물건, 사람)을 고통으로 보느냐, 행복으로 보느냐에 따라 삶의 방향이 바뀌는 것이다. 어떤 것이든 스스로

법구경 마음공부

문제 삼지 않으면 고뇌는 없다. 행복이란 자신이 원하기만 한다면 늘 그 자리에서 (그대를) 기다리고 있을 것이다.

수년 전 한 상담가가 우울증이나 인생의 고민을 들어 주는 전화 상담 내용을 분석해 공개한 적이 있다. 자료에 의하면 40퍼센트는 일어나지 않은 일에 관한 걱정, 30퍼센트는 돌이킬 수 없는 과거의 일에 관한 걱정, 12퍼센트는 질병에 걸리지 않을까 하는 걱정, 10퍼센트는 장성한 자녀들과 친구들에 대한 걱정 등이었다. 실제 현실 문제에 대한 걱정은 겨우 8퍼센트뿐이라는 통계였다. 바꾸어 말하자면, 우리가 하는 걱정의 92퍼센트는 아직 발생하지 않은 미래 걱정, 예전에 힘들었던 과거 걱정, 두려움으로 가득 차서 일어나지도 않은 일을 스스로 만들어 내어 형상화한 걱정이라는 점이다.

고는 엄연히 존재한다. 하지만 이 관념에 빠져 살 필요는 없다. 자기 생각(번뇌)이 만들어 낸 번뇌로 인해서 무너져서는 안 된다. 불교의 진리인 일체개고는 중생에게 괴롭게 살라는 것이 아니라, 고의 실체를 파악하고 매순간을 긍정적인 마인드로 살라는 것이다.

삶은 곧 찰나임을
깨달아라

— 무상 —

이 세상의 모든 존재는 영원한 것이 없다.
내적인 지혜로 잘 관찰하면,
모든 고뇌와 고통을 멀리 떨쳐 낼 수 있다.
오직 청정한 해탈을 얻는 길이다.

〈해탈로 가는 길 이야기〉 277

기원전 544년 석가모니 부처님께서 열반하시기 몇 달 전의
일이 실린 《대반열반경(大般涅槃經)》의 이야기이다. 영취산에서
출발해 열반 장소인 쿠시나가라까지 유행[1] 중이셨던 부처님께

---

1 遊行. 승려들이 한곳에 정주(定住)하지 않고 여러 곳을 다니며, 나무 밑에서 잠을 자고
   생활하는 것을 의미한다. 당시 유행 중인 승려들은 음식 공양을 받으면 바로 사람들에
   게 진리를 전하며 살았다.

서 어느 날 아난 존자[2]를 불러 말씀하셨다.

"아난아! 내 목숨이 얼마 남지 않았다. 나는 늙고, 몸이 많이 쇠하였다. 나의 육신은 마치 낡은 수레가 가죽 끈에 연결되어 매여 있는 것처럼 겨우 움직인다. 이렇듯이 나의 몸도 가죽 끈의 도움을 받아서 유지하고 있는 것과 같다."

며칠이 흐른 뒤 부처님께서 아난 존자를 찾았으나 보이지 않았다. 그러자 어느 비구가 "아난 존자가 구석진 곳에서 슬피 울고 있다"라고 대답했다. 부처님께서 아난을 데려 오라고 하신 뒤 그가 도착하자 말씀하셨다.

"아난아, 나의 입멸(入滅)을 한탄하거나 슬퍼해서는 안 된다. 너에게 항상 말하지 않았느냐? 아무리 사랑하고 마음에 맞는 사람일지라도 마침내 이별할 때가 있다고 말하였다. 이는 피할 수 없는 진리이다. 아난아, 모든 사람은 세상에 태어나 점점 늙어 가고, 아프며, 죽는 것이 순리란다."

수여일 후에 부처님과 비구 일행이 쿠시나가라에 도착했다. 이곳에서 부처님께서 말씀하셨다.

"아난아! 나를 위해 사라쌍수 사이에 머리를 북쪽으로 향하게 해서 자리를 깔아라. 나는 피곤하다. 눕고 싶구나. 비구들

---

2   아난 존자는 석가모니 부처님을 25년간 모셨던 가장 가까운 시자(侍者)이다.

이여, 그대들에게 마지막으로 말하노라. 이 세상 모든 존재는 영원한 것이 하나도 없다(무상). 게으름 피우지 말고 열심히 정진해서 꼭 수행을 완성토록 하여라."

부처님께서 열반에 드신 모습은 자연을 있는 그대로 사진으로 찍은 것과 같아 보인다. 부처님은 당시 제자들에게 있는 그대로 늙고, 병들고, 죽어 가는 모습을 보여 주셨고, 마지막으로 "무상하니, 열심히 정진하라"라고 당부하셨다. 불교에서는 이를 제행무상(諸行無常)이라고 한다. 이 세상의 모든 것, 즉 현상적인 모든 것은 잠시도 일정하게 머물러 있지 않다는 말이다.

여기서 '제행'이란 일체만물을 뜻하는데, 일체만물은 세상에 존재하는 모든 것들은 저 혼자의 힘으로 성립되어 존재하는 것이 아니라 여러 가지 인연화합(因緣和合)에 의하여 지어진 것이므로 시시각각 생멸 변천한다는 것을 뜻한다. 또한, '무상'이란 모든 만물은 고정불변한 것이 없다는 뜻이다. 생명이 있는 것은 여러 인연에 의해 모인 것이므로 시시각각 생멸의 변천을 겪는 것이 당연하다. 중생은 태어나서 이 세상에 머물다 병이 들고 죽어가는 생로병사(生老病死) 원리요, 물건은 만들어졌다면 잠깐 존재하다가 쓸모없게 되면 사라지는 성주괴공(成住壞空) 원리인 것이다.

모든 것은 과거에서 현재로, 현재에서 다시 미래로 끊임없이 움직인다. 현상적인 모든 것이 잠시도 멈추지 않고 쉼 없이 흘러 움직이는 것, 바로 이것이 '무상'이다. 현대의 눈높이에 맞춰 설명하면, 무상은 순간순간 '끊임없이 변화(change)'하고 '흘러가는 속성(stream)'이라고도 정의할 수 있다.

고통에 끌려다니지 않으려면

누가 죽었다고 해서 허무한 일이고, 꽃잎이 떨어지면 슬픈 일인가? 반대로 생명이 태어나면 기쁜 일이고, 꽃이 활짝 피면 기분 좋은 일인가? 꽃잎이 떨어져도 슬프거나 기쁜 일은 아니다. 생명이 태어난 것도 기쁘거나 슬픈 것이 아니다. 꽃잎이 지는 것만이 무상이 아니라 꽃잎이 예쁘게 피는 것도 무상이요, 사람이 죽는 것만이 무상이 아니라 예쁜 아기가 건강하게 자라는 것도 무상이다.

육신이 병들고 늙고 죽으며 꽃이 피고 지는 현상은 솔직한 무상이다. 그런데 육신보다 더 극명한 무상이 있다. 바로 사람의 마음이다. 잠깐도 한결같이 못하고, 순간순간 변하고 있기 때문이다. 한 남자가 여자에게 "너 없으면 못살아. 영원히 사랑한다"라고 해 놓고, 세월이 흐르고 마음이 변해 "다시는 이 생애에 보지 말자"라며 뒤돌아서는 그 배신도 무상하다.

우리나라 대중가요 〈봄날은 간다〉라는 노래의 가사에 '꽃이 피면 같이 웃고 꽃이 지면 같이 울던 알뜰한 그 맹세에 봄날은 간다…'라는 구절이 있다. 김소월 시인의 시 구절로, 제목에서 부터 벌써 무상이 담겨져 있다.

그러니 꽃이 핀 것만 아름다운 것이 아니라 지는 것도 아름 다운 것이요, 젊음만이 인생에서 멋진 것이 아니라 노년 또한 고귀한 인생이다. 누군가 나를 사랑하는 것이나 배신하는 것, 모두 무상이다. 그냥 있는 그대로 적나라한 현실의 모습이다. 부처님께서는 모든 것은 제법실상(諸法實相, 있는 그대로의 모습을 간직했다는 뜻)임을 꿰뚫어 보라고 권고하신다.

위빠사나 명상이 바로 이 원리이다. 인간의 몸과 마음의 움 직임 하나하나 관찰을 통해 그 현상들의 본래 특징인 무상, 무 아, 고를 깨닫는 것이다. 그래서 위빠사나 수행은 여실지견(如 實知見, 있는 그대로 보는 것)이라고 하였다. 제법실상은 《법화경 (法華經)》에 출처를 두는데, 모든 것들이 현 모습 그대로라는 뜻 이다. 똑같은 뜻의 단어가 《금강경》에서는 제법여의(諸法如義), 《반야심경》에서는 제법공상(諸法空相)으로 쓰인다.

여기까지의 설명을 따라, 인간을 포함한 모든 존재들과 마음 이 무상한 줄 알았을 것이다. 그렇다면 우리가 현재 삶에서 소 유하고 있는 것들은 어떨까? 재물이나 명예 또한 주변 사람의 도움으로 얻어진 것들이요, 잠깐 소유하고 있다가 놓고 떠날 것들이다. 그러니 영원히 살 것처럼 착각해 욕심내고 함부로 행동하지 말라는 경고가 '무상' 법문이다.

중국 당나라 때 노생(盧生)이라는 가난한 선비가 있었다. 어느 날 노생은 '한단'이라는 지역으로 볼일을 보러 갔다. 여정 중 잠시 주막에 들어갔다가 신선도를 닦는 여옹(呂翁)을 만났다. 두 사람은 여기서 짧은 대화를 나누게 된다. 노생은 인생 선배인 여옹에게 자신의 신세를 한탄하며 고달픈 삶을 이야기하였다. 그러자 여옹이 "여보게. 이제 그만 말하고 내 목침을 베고 잠깐 눈을 붙이게. 나는 그 동안 밥을 짓겠네"라고 말했다. 장시간 걸었던 노생은 여옹의 권유에 목침을 베고 잠이 들었다.

이후 노생의 인생이 급변한다. 과거에 장원으로 급제해 황제에게 큰 상을 받고 벼슬길에 오른다. 점차 세월이 흘러 노생은 권력을 쥐게 되었고 재산은 기하급수적으로 늘었다. 부와 명예를 한꺼번에 갖게 되면서 몇 명의 첩까지 거느렸다. 그러다 당쟁에 휘말려 역적으로 낙인찍히고, 모든 것을 다 잃는다. 너무도 상심해 자살하려고 했으나 아내와 자식들이 있어 차마 실행에 옮기지는 못했고, 다행히 사형을 면하여 멀리 귀양 가게 되었다.

몇 년 뒤, 다시 복권되어 정치를 시작했으며 더 몇 년 뒤에는 다시 높은 지위까지 올라간다. 그는 이렇게 인생을 엎치락뒤 치락하면서 80세까지 산다. 마침내 죽음에 다다라 자기 삶을 되돌아보는 찰나에 자신의 이름을 부르는 목소리를 듣는다. "여보게 일어나게나. 밥이 다 되었으니, 밥 먹읍시다." 노생이 놀라 눈을 번쩍 떠 보니 여옹이 밥상을 들고 오고 있었다.

80세까지의 삶이 고작 밥 짓는 데 걸린 시간과 같다는 이 이 야기가 바로 한단지몽(邯鄲之夢), 즉 노생의 꿈 이야기이다. 우 리나라에도 한단지몽과 비슷한 소설이나 이야기가 많다. 《구 운몽(九雲夢)》이라는 한글소설도 앞의 이야기와 유사하다. 한단 지몽은 짧은 인생을 살면서 무상을 마음에 새기고, 남부럽지 않은 부귀영화를 누린다면 욕심내지 말고, 덕을 베풀고 살라 는 고사이다.

결국 인간의 삶이란 이처럼 한순간 번쩍하는 번갯불 같고, 아침에 잠깐 머물렀다 사라지는 이슬 같으며, 파도칠 때 생기 는 물거품과 같은 것이다.

"이 세상을 물거품과 같이 여겨라. 또 이 세상을 아지랑이 같다고 생 각해야 한다. 이렇게 세상을 관해야 한다."

《법구경》〈세속 이야기(世俗品)〉170

"일체 모든 것은 꿈, 환상, 물거품, 그림자, 이슬, 번갯불과 같으니, 이와 같이만 관할지니라(一切有爲法 如夢幻泡影 如露亦如電 應作如是 觀)."

《금강경》

　여기까지 살펴본 무상 진리가 어떻게 느껴지는가? 사실 무상은 허무주의도 염세주의도 아니다. 모든 존재(5온)가 각 개체의 구성으로 합쳐진 존재, 즉 무아이기 때문이다. 불교에서 무상, 무아, 고 세 가지는 불교의 중요한 텍스트요, 요긴한 진리다. 이를 3법인(三法印)이라고 한다.《증일아함경(增一阿含經)》18권에서는 마지막에 열반적정(涅槃寂靜)을 포함해 4법인(四法印)이 제시되어 있다. 여기서 '법인'이란 말은 법의 도장, 징표로써 진리가 틀림없음을 증명한다는 뜻이다.

　이들은 불교의 최상 진리요, 초기불교이든 대승불교이든 불교의 기본 원리이다. 무상, 무아, 고 하나하나 따로 떼어서 볼 수 있는 것이 아니라 서로 유기적인 관계로 연결되어 있다. 무아이기 때문에 무상함이요, 무상하기 때문에 무아이다. 무상과 무아 사상을 자연스럽게 받아들이지 않고 부정적으로 보며 마음 밑바닥에서 거부하기 때문에 고가 발생한다는 것을 기억하라.

고통의 근원에서
벗어나려면

삶의 괴로움(苦)·고통의 원인(集)·고가 소멸된 경지(滅),

고의 소멸로 인도하는 수행 방법인 8정도(道),

바로 이 4성제(苦集滅道)가 고통스런 삶을 벗어나게 해 준다.

〈부처님 이야기(佛陀品)〉 191

　부처님께서 사위성 기원정사³에 계실 때의 일이다. 수행자
가운데 만동자가 홀로 조용한 곳에서 좌선하고 있다가 부처님
이 계신 곳으로 찾아와 여쭈었다.

　"부처님, 좌선을 하고 있어도 망상이 떠나지 않습니다. 제가
질문이 있는데 여쭈어도 되겠습니까?"

3　기원정사는 코살라국의 수도 사위성에 위치했던 사찰로, 석가모니 부처님께서 가장
　오래 머물렀던 사찰이다. 당시 코살라국의 부자였던 급고독장자가 보시했다.

　　　　　　　　　　　　　　　　　　　　　　　법구경 마음공부

부처님께서 아무 말씀도 하지 않자 만동자가 물었다.

"세계는 영원한 것입니까, 아니면 무상한 것입니까? 영혼과 육체는 동일한 것입니까, 별개의 것입니까? 사후에도 인간은 존재할 수 있는지, 존재할 수 없는지에 대해 대답해 주십시오. 부처님께서 정확하게 답변해 주지 않으시면 저는 이 교단을 떠나겠습니다."

한동안 침묵으로 일관하던 부처님께서는 곧 이렇게 말씀하셨다.

"만동자야, 만약 어떤 사람이 독화살을 맞아 고통을 받고 있다고 가정해 보자. 그 친구들은 바삐 의사를 부르려고 할 것이다. 그런데 그는 친구들을 만류하며 '아직 이 화살을 뽑아서는 안 되오! 나는 먼저 화살을 쏜 사람이 누구인지를 알아야겠소. 그 사람의 성이 무엇이고, 이름은 무엇이며, 어떤 신분인지를 알아야겠소. 그리고 그 활이 어떤 나무로 만들어졌는지 알아야겠고, 또 화살에 어떤 독이 묻어 있는지를 알아야겠소. 이 모든 것들을 알고 난 뒤에 나는 이 독화살을 뽑겠소'라고 한다면 이 사람은 어떻게 되겠느냐? 아마도 이 사람은 그것들을 다 알기도 전에 온몸에 독이 퍼져 죽고 말 것이다. 만동자야, 세계가 영원한 것인지 무상한 것인지, 육체와 영혼이 하나인지 개별적인 것인지, 사후에도 존재할 수 있는지 없는지를 안다고 해서 삶의 고통이 해결되는 것이 아니다. 우리들의 현재 삶 속에서 일어나고 있는 고통을 극복하고 해결하는 일이 우선되어야 한다. 내 설법 가운데 4성제(四聖諦, Cattāri ariya-saccāni)가 있다. 이 세상의 모든 고통(苦, 고)은 끊임없는 욕심과 집착에서 비롯되었다. 고통을 없애려고 한다면 갈애와 집착(集, 집)으로 인해 고가 발생하는 것인 줄을 알아야 한다. 그것을 소멸할 수 있도록 직접 노력하고 수행(道, 도)하여라. 그러면 반드시 해탈과 열반의 경지(滅, 멸)에 이르게 된다. 만동자야, 중생들의 삶은 고통으로 연속되어 있다. 무엇보다 그 순간에 닥친 고통과 고뇌를 극복하는 것이 가장 급선무요, 중요한 일이다."

앞의 내용은 불교 진리 가운데 가장 근본인 4성제(고집멸도)를 말한다. 부처님께서 깨달으신 내용은 연기설(緣起說)이다. 이 연기설을 수행자가 실천하는 측면에서 논리적으로 설한 것이 4성제이다.

앞에서 설명했지만, 4성제는 사람들의 고뇌를 치유하기 위한 실천 원리이다. 이해하기 쉽게 다시 한번 설명해 보겠다. '세상을 사는 것은 고통스럽다. 그런데 왜 고통스러운지 원인을 살펴보니 집착과 욕심 때문인 것을 알았다. 고통의 원인이 욕심과 집착인 줄 알았으니, 열심히 기도하고 수행을 통해 행복(해탈, 열반)을 얻는다'라는 것이다. 불교의 목적은 바로 이 원

법구경 마음공부

리를 기반으로 한 이고득락(離苦得樂, 고통을 없애고 행복을 얻음)이다.

이 4성제를 병(病)에 비유하면 이러하다. 어떤 사람이 병을 얻어 몸이 계속 아프다(고성제→果). 그런데 왜 몸이 아픈지 모르다가 병원에서 병이 난 원인(집성제→囚)을 알았다. 의사가 처방해 주는 약을 먹고 휴식을 취했더니(도성제→囚) 건강이 회복되었다(멸성제→果).

《증일아함경》에서도 부처님께서는 이렇게 말씀하신다.

"네 가지 진리는 진실하여 허망하지 않고 여래의 참다운 말씀이다. 여래가 이 네 가지 진리를 성취했기 때문에 '성스러운 네 가지 진리'라고 한다. 이 4성제를 깨닫지 못하면 중생은 끝없이 윤회하게 된다. 나는 이 4성제를 얻었기 때문에 이 언덕에서 저 언덕으로 건너갔으며, 이 진리를 성취했기 때문에 생사의 근본을 끊어 다시는 생을 받지 않는다."

부처님께서는 제자들에게 우주 자연의 형이상학적인 철학이나 이론을 강조하지 않으셨다. 불교가 '살면서 시시각각 발생하는 고통을 해결하고 인간으로서의 참된 길을 찾아 행복하게 살 것'을 제시하는 이유이다.

정리하자면 이렇다. 불교는 신의 종교가 아니고 기적을 행하는 종교도 아니다. 우주 철학이나 죽음을 연구하는 종교는 더더욱 아니다. 자신의 죄업을 부처님이 대신 받는 것도 아니요, 기도만 하면 부처님께서 알아서 내 고통을 해결해 주는 것도 아니다.

고통을 해결하고자 노력한 만큼 번뇌와 고통이 해소될 수 있으며, 자신이 수행한 만큼 행복을 얻을 수 있고, 수행한 만큼 깨달음의 길이 열리는 것이다. 바로 이런 방법을 제시하는 것이 불교이다.

모든 것이 얽혀 있음을
기억하라

인연과

'모든 것이 나를 위해 존재한다'
'모든 것을 내 마음대로 할 수 있다'
이렇게 억지 부리는 사람들이 있다.
이는 반드시 올바른 생각이 아니다.
이렇게 어리석은 이들은 욕심과 자만심을 갖고 있다.

〈어리석음 경계 이야기(愚闇品)〉 74

'쩻따' 장자[4]는 우연히 마하나마 비구를 만나 불교에 귀의했
다. 장자는 자기의 망고 동산에 큰 수도원을 짓고, 이곳에 비

---

4   법구경에는 '쩻따'라는 이름이 자주 등장한다. 당시 가장 흔한 이름이었던 것으로 보
     인다. 또한 불교에서 장자(長者)란 자산가나 대부호를 지칭한다. 경전에서 '장자'라는
     용어가 자주 등장하는데, 권세 있는 가문에서 태어난 사람을 말하기도 한다.

구들을 머물도록 했다. 또 장자는 이곳에 머무는 스님들에게 공양(음식, 옷 등을 공급하는 것)을 올리며 필요로 하는 물건들을 공급해 주었다. 어느 정도 수도원의 규모가 커지자 장자는 수도원 책임자로 수담마 비구를 모셔 상주토록 했다.

어느 날 찟따 장자는 부처님의 수제자인 사리불 존자와 목련 존자를 모셔서 공양을 올리고 법문을 들었다. 두 비구는 부처님의 대표 제자로, 당시 승려들의 스승 역할을 하였다.

찟따는 수담마 비구에게도 함께 공양에 참여해 달라고 부탁했다. 그런데 수담마는 이 상황을 몹시 불쾌하게 생각해 "어찌하여 내가 머물고 있는 수도원에 나의 허락도 받지 않고 두 비구를 초청했습니까? 나는 저 비구들과 함께 공양하지 않겠소"라고 말했다. 그러고도 화를 참지 못한 수담마는 "더 이상 이 수도원에 머물지 않겠다"라며 떠나 버렸다. 부처님을 찾아간 수담마는 여러 상황들을 보고하였다. 그의 말을 들은 부처님께서 수담마를 크게 꾸짖으며 말씀하셨다.

"그대는 어찌하여 신심과 보시⁵로써 공양하는 불자를 모욕하는가?

훌륭한 비구는 '여기는 내 수도원이다', '이 수도원은 나로 인해 운영

---

5   布施. 물질적으로든 정신적으로든 많이 베푸는 것을 말한다.

된다', '이 사람은 나의 신자이다' 등에 집착하거나 소유욕을 갖지 말아야 한다. 또 교만심과 질투심을 내어서도 안 된다. 어서 가서 그 불자에게 사과하여라."

수담마 비구는 자신을 중심에 두고 권위를 내세워 존경받으려는 어리석은 행동을 한 것이다. 또 모든 것이 자신을 위해 존재하는 것처럼 착각했다. 우리 주변에서도 이런 사람들을 흔히 본다. 중요한 건 남의 이야기만이 아니라 우리 모두의 이야기라는 것이다.

세상 만물을 지배하는 인연과 법칙

'나'와 '우리'가 살아가는 삶의 현장을 넓혀 보자. 나라는 존재도 인연과(因緣果)의 현상 속에 존재한다. 이 세상은 홀로 독립해 외따로 살 수 없기 때문이다. 사람과 자연, 자연과 자연, 사람과 사람은 서로 유기적인 관계로 얽혀 있다.

이를 불교 용어로 '인(因)과 연(緣)의 결합(果)'이라고 한다. 인이란 직접적인 원인이고, 연은 간접 조건이라고 보면 된다. 그래서 인+연=과이다. 씨앗(인)은 흙 안에서 햇빛, 공기, 수분 등(연)의 영양분을 받아 성장해 꽃으로 피어난다(과).

현재의 자신도 결코 혼자만의 힘으로 이루어진 것이 아니다. 한 개인을 볼 때도 그러하다. 사람은 시간적으로 조상이 있고 부모가 있기에 존재하며, 공간적으로는 형제, 이웃, 친척, 친구 등 주위의 많은 이와의 관계 속에서 형성되어 왔다. 결국 서로가 원인이 되고 결과가 되면서 서로서로 얽힌 것이다.

내가 원하는 대로 모든 것이 되는 것은 아니며, 주변 사람이 나를 위해 존재한다고 착각해서도 안 된다. 모두가 인연으로 얽혀 있음을 인식하고, 교만하지 않고 겸손해야 한다. 기업체도 각각의 직원들이 있고(인), 그 직원들이 직장에서 일을 하고(연), 이 인과 연이 합해야 기업체가 굴러가는(과) 법이다.

세상은 개인 마음대로 되지 않는다. 사람과의 인연이든 성취코자 하는 일이든 다 때가 있는 법이다. 그러니 자신이 하고자 하는 일이 맘대로 되지 않을 때 상대를 탓하거나 세상을 원망하지 말자. 단지 이루어질 만한 조건들이 형성되지 않았다고 생각하라.

우리는 자라온 가정과 사회, 그 외의 다양한 환경 속에서 다양한 역할을 하며 살아간다. 그러다 보니 서로의 입장과 위치가 다르다. 상대가 자신과 생각이 다르다고 그를 틀렸다고 할 수 없다. 만약 상대에게 인정받고 싶다면, 서로의 '다름'에 대한 차이를 존중하는 것부터 시작해 보는 것이 어떨까?

법구경 마음공부

매사에
감사하라

연기설

자기 자신이 행복을 추구하듯이
이 세상의 모든 존재들도 자신들의 행복을 추구한다.
그대가 혹 다른 존재들에게 피해를 끼치지 않는다면,
현재나 미래세에 행복한 삶을 영위할 것이다.

〈벌 받는 이야기(懲罰品)〉132

매일 아침 일어나면 목욕부터 하는 남자가 있었다. 그는 목욕을 마치면 언덕에 올라가 동·서·남·북·상·하 여섯 방향을 향해 절을 하였다. 어느 날 부처님이 그 지역을 지나치던 중 남자의 행동을 보고 물었다.

"너는 무엇 때문에 목욕재계까지 한 뒤에 여섯 방향을 향해 각각 절을 하느냐?"

"저의 아버지가 임종할 때 '네가 예배하고 싶거든 먼저 동·서·남·북·상·하 여섯 방향을 향해 예배하라'라고 유언했습니다. 저는 아버지 말씀대로 이렇게 예배하고 있습니다."

"거기에는 단지 방위(方位) 이름만 있을 뿐이다. 아무런 의미가 없이 아버지 예언대로 여섯 방향에 절하는 것은 올바르지 못하다. 성현들의 절하는 방법이 있다."

"부처님, 성현들이 6방에 예배하는 방법을 제게 가르쳐 주십시오."

"절을 할 때는 이런 마음가짐으로 여섯 방향에 절을 하여라. 동쪽을 향해서는 부모에게 절하는 것으로 생각하여라. 남쪽은 스승, 서쪽은 배우자와 자식, 북쪽은 친구, 위쪽은 승려와 바라문, 아래쪽은 하인이나 고용인을 생각하며 절하여라. 이렇게 절할 때 그들에게 감사하는 마음을 담아야 한다. 이렇게 한다면 살면서 자신의 그릇된 행동을 삼가고, 재물이 손실되는 일이 없으며, 사람 간에도 좋은 인연을 맺게 될 것이다."

위의 내용은 《육방예경(六方禮經)》에 등장하는 이야기이다. 우리는 살면서 부모가 나를 길러 주고, 배우자가 자신의 말에 따르며, 회사의 고용인들이 자신의 명령을 따르는 것 등을 너무도 당연시한다. 그런데 부처님께서는 그 당연한 관계에 늘 감사해야 한다고 말씀하신다.

홀로 잘 사는 사람은 없다

앞에서 인연과 이야기와 함께 불교의 연기설을 소개했다.[6] 이 연기설 가운데 상의상관(相依相關)이라는 진리가 있다. 이는 존재와 존재 사이가 연결되어 있다는 뜻이다. 일이든 사람이든 이 세상 모든 것은 서로 연관되어 있고, 서로 의지해 살아가야 한다. '나'라는 사람은 수많은 이와의 관계 속에 형성되어 살아가는 존재이다. 즉, 가족·친척·친구·사회 구성원 등 주위 사람들의 도움으로 살아간다는 말이다.

《육방예경》 경전에서 주목해야 할 부분은 하방(下方)을 향해 절을 하는 부분이다. 이는 자신이 고용하고 있는 사람이나 아랫사람과의 인연에 감사하며 인사하는 것을 말한다. 우리는 이러한 태도를 마음속에 각인할 필요가 있다. 쉬운 일이 아니기 때문이다.

---

6 불교의 연기설은 빨리어로 '빠띳짜-사뭅빠다(paticca-samuppada)'이다. 빠띳짜(paticca)는 '말미암아, 때문'이라는 뜻이고 사뭅빠다(samuppada)는 '일어나다, 생기(生起)하는 것'을 말한다. 즉, 연기는 인연하여 일어나는 것이라는 뜻이며, 다른 것과 관계를 맺어 일어나는 현상계의 존재 법칙이다. 연기설을 구체적으로 언급하면 이러하다. ① 인과율(因果律)은 인간과 세계 사이, 인간과 인간 사이에 성립되는 영원한 법칙이다. 인간의 의지적 작용이 원인이 되어 대상의 필연적 반응이 결과로 나타난다. 여기서 인과업보(因果業報), 인과응보(因果應報)가 성립된다. ② 인연화합은 사물의 생멸변화는 인+연의 결합으로 이루어진 현상 법칙이다. 치즈라는 물질은 우유라는 개체에 발효조건이 맞아야 치즈가 생성된다. 즉, 1차의 직접적인 원인과 2차의 간접적인 원인이 결합되어야 한다. ③ 상의상관(相依相關)은 존재와 존재 사이에는 서로 서로 의지하면서 연결되어 있다는 법칙이다. ④ 법주법계(法住法界)는 모든 만물이 무상한 속에서도 일정한 법칙이 있다는 말이다.

잊을 만하면 매스컴을 통해 나오는 단어가 있다. '갑질'이라
는 단어이다. 물론 이 단어가 근자에 자주 쓰이지만, 인류가
형성된 이래 동서고금에 갑질은 꾸준히 있었다. 예전에는 상
급이나 고용주의 갑질 행위가 정당함으로 포장되었을 것이다.
수년 전 어느 대형회사 오너 가족이 직원들을 괴롭히고, 어느
오너는 이른바 '깽값'을 지불하며 폭행하는 등 갑질을 하여 고
용주들의 도덕성이 문제시되었다. '을'의 입장에서 이러한 갑
질은 인격모독이다. 일종의 현대판 계급제도가 나타난 것이라
고 본다.

《부모은중경(父母恩重經)》에 이런 내용이 있다. 부처님께서 여
러 제자들과 길을 가다, 길가에 쌓인 뼈 무덤을 보고 절을 하
셨다. 이때 제자 아난 존자가 "성인이신 부처님께서 어찌 하찮
은 뼈 무덤에 절을 하십니까?"라고 물었다. 이때 부처님께서
이런 말씀을 하신다.

"끝없는 옛적부터 현생에 이르기까지
6도 중생 모두가 나의 부모·형제·친척 아님이 없다."

부처님 말씀대로 주변 사람들이 모두 소중한 인연들로 얽혀
있건만, 어찌 상대에 갑질하려 하는가?

법구경 마음공부

조급함을
억눌러라

— 업보 이야기 1 —

어떤 생명은 사람으로 태어나고(胎生),

어떤 악인은 지옥에 떨어지며,

어떤 선인(善人)은 하늘세계에 태어나고(生天),

청정한 사람은 열반에 든다(般涅槃).

〈악행 이야기(惡行品)〉 126

    부처님 재세 시 코살라국 사위성에 보석점을 하는 상인이 있었다. 이 사람은 보석 전문가로서 보석에 광택을 내거나 다양한 모양의 보석을 만들어 팔았다. 어느 이른 아침, 보석상이 아침 식사 준비를 하며 고기를 자르고 있었다. 그때 마침 코살라국왕의 신하가 찾아왔다. 신하는 루비 하나를 보석상에게 건네면서 왕의 지시이니 즉시 광택을 내 달라고 했다. 고기를 자르는 중이던 보석상은 고기 묻은 손으로 보석을 받아 탁자 위에 올려놓았다.

그런데 그 집의 거위가 고기가 묻은 루비를 먹이로 착각하고 삼켜 버렸다. 때마침 띳사 스님이 이 집으로 탁발 공양을 나왔는데, 거위가 루비를 집어 삼키는 순간을 목격했다. 잠시 뒤 보석상이 루비를 찾았으나 보이지 않았다. 아내와 아들, 띳사 스님에게 물어도 모두 모른다고 답했다. 보석상은 탁발 온 스님이 훔쳐 갔을 거라고 단정하고, 아내에게 말했다.

"루비는 왕의 물건인데 분실되었다고 하면 나는 극형을 면치 못할 것이오. 아침에 우리 집에 온 사람은 저 스님뿐이오. 저 스님이 훔쳐 간 것 같으니 때려서라도 찾아야 할 듯합니다."

"저 스님께서는 수여 년 동안 우리 집으로 탁발을 왔고, 음식을 받은 뒤에는 매일 좋은 진리를 설해 주셨습니다. 스님께 은덕을 많이 입었는데, 설령 우리가 극형을 받는다 하더라도 어찌 저 분에게 죄를 덮어씌운단 말입니까?"

마음이 급했던 남편은 아내의 충고를 받아들이지 않고 스님을 밧줄로 꽁꽁 묶어 마구 두들겨 팼다. 이때 거위가 보석상 옆으로 다가오자 화가 나 있던 남자가 거위를 발로 걸어차 버렸다. 그것을 본 스님이 "거위가 죽었는지 살았는지 확인해 보라"라고 하였다. 아내가 거위가 죽었다고 하자 그제야 스님이 말했다.

"거위가 루비를 삼킨 것이오."

그 말에 보석상이 칼로 거위 배를 갈라 보니, 정말 뱃속에 루비가 있었다. 보석상은 스님에게 얼마나 큰 실수를 했는지 깨닫고 참회하며 용서를 빌었다. 그런데 오히려 스님은 아무렇지도 않은 듯 일어나 처음 있던 장소에 서 있었다. 스님이 말했다.

"제자여. 그대 잘못도 아니요, 내 잘못도 아닙니다. 살면서 어쩌다 보니 이렇게 일이 벌어질 때가 있는 법이오. 나는 당신을 원망하지 않습니다."

떳사 스님은 보석상에게 심하게 매 맞은 일로 사찰로 돌아오자마자 바로 입적했다. 부처님께서 이 사실을 알고 제자들에게 말씀하셨다.

"거위는 죽어서 그 집의 아들로 태어났고, 남자는 죽어서 지옥에 떨어졌으며, 여인은 하늘 세계에 태어났으며, 떳사 스님은 열반에 들었다."

조급함에 휘둘리지 않으려면

보석상과 스님의 이야기를 보면 원고 서두에 있는 게송의 의미가 이해될 것이다.

불교 세계관에 6도(六道)가 있다. 바로 지옥, 아귀, 축생, 수라, 인계, 천계이다. 스님이 열반에 들었다는 것은 6도에 태어나지 않고, 불교 수행의 최상 목적인 열반 세계에 들었다는 뜻이다. 현재의 삶에서 행동하고(身業), 말하며(口業), 어떻게 생각하는가(意業)에 따라 미래생(未來生)의 업보가 결정됨을 말하고 있다. 다시 말해, 이번 생의 행위에 따라 다음 생이 결정된다는 뜻이며, 이는 앞에서 언급한 인과의 원리와 같다.

스님과 보석상 이야기로 돌아가 보자. 스님께서 누명을 벗으려면 "거위가 삼켰다"고 본 그대로 말하면 될 것이다. 그러나 그렇게 말하면 보석상이 거위를 죽일 것이 뻔한 일인지라 말하지 않았을 것이다. 핵심은 땃사 비구의 자비로운 행동이 아니라 보석상의 '섣부른 행동'이 문제라는 점이다.

우리 주변에서도 이와 비슷한 일이 종종 일어난다. 공자도 제자들에게 "너희들이 보고 들은 것이 다 진실이라고 생각하지 말라"라고 했다. 당장 눈앞에 보이는 현실만으로 판단하니 주변 사람들과 언쟁이 끊이지 않는다. 눈에 보이는 것이 다가 아니고, 귀에 들리는 것만이 전부가 아님에도 우리 인간들은 눈앞에 벌어진 것만을 갖고 상대방을 평가한다. 결국 실수가 실수를 낳고, 그 실수는 켜켜이 업보의 탑을 쌓는다.

법구경 마음공부

앞으로는 손해를 보더라도 조금만 시간을 두고 기다려 보자. 그 잠깐의 시간은 절대로 그대에게 손해를 끼치지 않을 것이다.

원수를
용서하라

원한을 원한으로 되갚는다고 해서
그대 가슴에 맺힌 한이 풀어지는 것이 아니다.
원망을 쉬어야 원한이 풀어진다.
이것은 영원한 진리이다.

〈대구 이야기(對句品)〉 5

불교 사상은 윤회를 바탕으로 한다. 중생은 삶을 반복하며 타인과 인과 관계로 얽히고설킨다. 이런 인과 속에서 원한을 원한으로 갚으려 하면 윤회를 거듭하며 '그' 원수를 만나게 된다. 인간관계로 형성된 원한의 업보가 끝나지 않는 것이다.

이와 같은 불교 사상이 생소할 수 있고, 쉽게 수긍이 되지 않을 수도 있다. 만약 그렇다면 전생과 내생의 개념을 떠나, 현생을 위한 도덕적인 교훈으로 받아들였으면 한다. 비불교인에게 윤회 사상은 삶의 도덕적인 나침반이 되어 준다.

원수를 용서해야 하는 이유

사위성에 아기를 갖지 못하자 첩을 들인 한 부부가 있었다. 그런데 막상 첩이 임신을 하자, 본부인은 모든 수단과 방법을 동원해 낙태를 하게 만들었다. 이런 일이 몇 차례 반복되면서 결국 첩은 뱃속의 아이와 함께 죽음을 맞이했다. 남편은 본부인의 소행임을 알고 그를 살해했다. 다음 생에 본부인은 암탉으로, 첩은 고양이로 태어났다. 암탉이 알을 낳을 때마다 고양이는 알을 먹어 치웠다. 이렇게 상대를 죽이면서 몇 생을 거듭했다.

어떤 생에서는 첩이 여자로, 본부인이 남자로 태어났다. 여자는 남자에게 끊임없이 살해 협박을 당했다. 그러던 어느 날 여자가 남자에게 쫓겨 기원정사 사찰에 들어왔다. 마침 부처님께서 제자들에게 법문을 하는 중이었다. 부처님께서는 여자를 보며, '두 사람이 과거 생부터 원한 관계였기에 서로를 살해하는 행위를 멈추지 않는 것'이라고 설명하였다. 그러고는 "서로에 대한 증오심을 풀라"라고 말씀하셨다. 용서만이 악순환의 연결 고리(원한의 업보)를 끊을 수 있다는 말씀이다.

부처님께서는 극악무도한 제바달다[7]까지도 끝내 사랑으로 감싸 안았고, 당신의 고향인 카필라국을 멸망케 한 사위성의 유리왕도 '인연이니 어쩔 수 없는 일'이라며 용서하셨다. 용서란 무엇인지 몸소 보이신 것이다.

이러한 용서를 잘 실천한 인물이 있다. 티벳 불교에서 성자로 추앙받는 밀라레빠(Milarepa, 1052~1135)이다. 밀라레빠는 동시대의 승려 짜뿌와에게 시기질투로 괴롭힘을 당했다. 마침내 짜뿌와는 여인을 사주해 독이 든 우유를 밀라레빠에게 공양 올리게 했다. 밀라레빠는 미소를 지으며 독이 든 우유를 받아 마셨다. 그리고 다음과 같이 말했다.

"약속받은 보석은 손에 넣었는가? 나는 원한으로 그대에게 앙갚음을 하지 않는다. 나는 그대를 가엾이 여기노라. 내 수명은 다 되었고, 내가 해야 할 일도 다 마쳤다. 그대와 짜뿌와가 이번 일로 깊이 참회하고 수행에 전념하기만을 바랄 뿐이다. 내가 지금 그대들을 용서하지 않는다면 그대들은 업보로 미래세(未來世)에 지옥에 떨어질 것이다. 그러기에 나는 그대의 공

---

7 提婆達多. 부처님의 제자로, 부처님을 배반하고 교단을 분열시킨 뒤 수백여 제자를 데리고 교단을 이탈했다. 이러한 오점 때문에 제바달다는 불교의 대표적인 악인으로 인식되고 있다.

양물(독이 든 우유)을 수락한 것이다."

말을 마친 뒤 밀라레빠는 짜뿌와의 독살로 열반했다.

오늘날에도 '참된 용서'의 자세를 본받을 수 있는 사례가
있다. 인도 북부 다람살라에 머물고 있는 달라이 라마(Dalai
Lama, 1935~) 이야기이다. 그는 티베트 불교의 수장이자 대통
령으로, 1959년 중국의 감시를 피해 히말라야산맥을 넘어 인
도로 망명하였다. 라마는 다람살라에 티벳 망명정부를 세우
고, 자국(티벳)의 자유를 위해 수십여 년을 고군분투하고 있다.
달라이 라마는 '적은 나를 사람으로 키우는 선지식(善知識)이므
로 용서해야 한다'는 사상을 변함없이 지키고 있다. 큰 영향력
이 있음에도 중국을 대상으로 공격적으로 활동하지 않는다.
이런 점 덕분에 달라이 라마는 1989년 노벨평화상을 받았고,
여러 나라에서 그를 세계적인 스승으로 모시고 있다. 진정한
용서가 무엇인지 보여 주는 인물이라 생각한다.

미워하는 삶에서 홀가분한 삶으로

용서는 마음을 넘어 몸을 치료하기도 한다. 스위스의 의사
이자 작가인 폴 투르니에는 '정신이 육체에 영향을 끼친다'고
주장하는 인격의학의 창시자이다. 그는 악성 빈혈로 고생하는

한 여성을 진료한 적이 있었다. 반년 이상 치료해도 별다른 차도가 없자 그는 환자에게 입원을 권유했다. 환자는 일주일 만에 다시 내원했다. 그는 치료를 위해 회사에 휴직계를 내고 병원에 찾아온 상태였다. 그런데 그가 진료해 보니, 예전과는 다른 모습이 눈에 띄었다. 건강해졌고, 검사 결과에도 큰 문제가 나타나지 않았다. 그는 환자에게 다음과 같이 물었다.

"일주일 전과 지금의 치료 결과가 다릅니다. 일주일 동안 특별한 일이 있었습니까?"

"특별히 약을 먹은 것은 없고, 죽도록 미워했던 남편을 용서했습니다."

'받은 만큼 돌려준다'라는 말이 있다. 이러한 태도는 은혜를 갚을 때만 적용하는 것이 좋다. 인생을 살다 보면 좋은 인연으로 이어지기보다는 악연으로 끝나는 경우가 더 많다.

앞에서 8고를 언급했는데(30쪽 참고), 이 가운데 원증회고(미운 사람과 만나는 고통)가 있다. 원증회고가 8고 가운데 있을 정도로 우리는 많은 악연을 만들면서 살아간다.

그런데 악연이 생길 때마다 고통받으며 살 필요는 없지 않은가? 용서가 힘들다면, 그 인연을 마음에서 내려놓는 것도 좋은 방법이다. 인간관계를 맺다 보면 나만 해를 입은 것처럼 느껴지지만, 그 상대 또한 그대로부터 받은 해가 클지 모른다.

법구경 마음공부

어떻게 살지를
생각하라

—— 업 이야기 ——

적이 내게 주는 피해보다,
또 원수가 내게 주는 피해보다
자신의 그릇된 마음(業, 행위)에서 발생하는 피해가 훨씬 크다.
〈마음 이야기(心意品)〉 42

소치는 것을 업으로 삼은 한 목동이 있었다. 그는 어렵게 생
계를 잇고 살면서도 부처님의 설법 듣는 것을 좋아했다. 어느
날 목동은 부처님과 스님들께 점심공양을 올렸다. 목동은 공
양을 올리고 집으로 돌아가는 길에 사냥꾼이 쏜 화살을 맞고
죽음을 맞이했다. 이 사냥꾼은 전생에 목동에게 살해당했던
사람으로, 그와 원수 관계였다.

이때 한 제자가 부처님께 "저 사람이 부처님과 우리에게 공

양 올리지 않았으면 오늘 죽지 않았을 텐데요"라며 안타까워했다. 그러자 부처님께서 다음과 같이 말씀하셨다.

"우리들 때문이 아니다. 대체로 도둑이나 원수에 의해 죽음을 맞이한 사람들은 전생에 그가 지은 업보가 너무 지중해서 그 갚음을 받은 것이다."

위의 내용은 전생에 지은 업보를 현재에 받는 과보이다. 불교에서 업보는 세 가지이다. 현재의 과보를 다음 생에 받는 순생보(順生報), 현생에 업을 지어 현생에 받는 순현보(順現報), 악행이 너무 지중해 여러 생에 거듭 거듭 과보를 받는 순후보(順後報)가 있다.

필자가 강조하고 싶은 이야기는 순현보이다. 현재 살면서 좋은 일을 하고 선업을 쌓았다면 현생에 좋은 과보를 받는다. 이런 진리를 통해 우리가 도덕적으로 살고자 하는 마음가짐이 중요하다고 보기 때문이다.

타고난 팔자보다 중요한 업

배휴(裵休, 797~870)는 당대의 학자요, 재상을 살았던 인물이다. 또한, 불교 신자로서 불교계에 큰 업적을 남긴 인물이다.

배휴는 배탁이라는 쌍둥이 동생이 있었다. 배휴 형제는 부모를 일찍 여의고, 외삼촌 댁에 의탁해 살았다. 그런데 우연히 한 관상가가 외삼촌에게 "저 두 아이의 관상을 보니 빌어먹을 거지 상입니다. 이 집에 계속 두면 이 집까지 풍비박산납니다" 라고 했다. 형제는 외삼촌에게 폐가 되지 않기 위해 집을 나와 거지 생활을 했다. 그러다 형제가 헤어지게 되었다. 그러던 어느 날 배휴는 절 앞에서 진귀한 보물과 거액을 발견하고, 주인에게 돌려주기 위해 그 장소에서 기다렸다. 그 보물 주인은 아들이 누명을 써서 사형을 당할 처지였는데, 배상금을 주면 풀려날 수 있다고 해서 관가에 가는 중에 실수한 것이다. 한참 뒤 보물 주인이 혼비백산하며 찾으러 왔는데, 소년이 기다리고 있는 것을 발견했다. 다행히 보물 주인의 아들은 사형을 면하게 되었다. 몇 년 뒤 배휴가 외삼촌 집에 방문했는데, 마침 예전의 그 관상가를 만났다. 관상가는 배휴를 보더니 깜짝 놀라며 말했다.

"얘야! 비록 너는 거지로 살았지만 어린 아이인데도 마음을 잘 쓰고 살았구나. 옛날에는 너의 관상을 봤으나 오늘 너의 심상(心相)을 보니, 훗날 큰 인물이 될 것이다."

타고난 사주가 중요한 것이 아니다. 살면서 어떻게 행동을

하고 살았느냐에 따라 미래 인생길이 달라진다.[8]

불교에서 업설(業說)은 부정할 수 없지만, 얼마든지 마음 씀씀이를 통해서 자신의 삶을 변화시킬 수 있다. 인생은 주어진 팔자 대로 살아야 하는 것이 아니다. 자신의 업은 자신이 개발하는 것이다. 이것이 바로 불교의 업설이다.

모든 일의 근원은 자신에게 있다

누구나 한 번쯤 점집에 다녀온 경험이 있을 것이다. 세상이 어려울수록 사주·관상·수상 등을 보기 위해 점집을 많이 다닌다는 통계가 있다. 삶이 불안한 것은 당연한 일이며 누구나 그럴 수 있다. 그러나 누구나 짊어진 십자가는 똑같은 법이다. 자신만 힘들게 살지 않는다. 박완서 작가는 '삶은 견디는 것'이라고 표현했다. 견디며 살자.

수년 전 우연히 마쓰시다 고노스케의 인생 이야기를 읽은 적이 있다. 마쓰시다는 우리나라에도 알려진 경영인으로 일본 산업 발전에 공헌했으며, '경영의 신'이라 불린다. 그는 불우한

---

8   불교는 사주·관상·풍수지리 등과는 거리가 멀다. 역사적으로 신이한 스님들과 관련된 일화가 많은데, 이는 대부분 허구이다. 불교는 수행의 종교로 심상과 관련된다고 하면 맞을 듯하다.

가정에서 태어났지만 초등학교를 중퇴하고, 점포에서 점원으로 일을 하며 살았다. 23세에 작은 회사를 설립하면서 내셔널(National)·파나소닉(Panasonic) 등의 회사를 일구었다. 살아생전 그의 인터뷰를 소개한다.

"회장님께서는 어떻게 성공하셨습니까?"

"하늘이 내게 준 세 가지 축복이 있습니다. 가난·허약·무학(無學)입니다. 이 세 가지 덕분에 나는 성공할 수 있었습니다."

"아니, 그런 것이 무슨 축복이 됩니까? 모두 불행의 요소인데요."

"나는 가난 덕분에 '성실함'이 얼마나 중요한지를 일찍 깨달았습니다. 다음은 타고나면서부터 건강이 좋지 않아 살아오는 동안 '건강'이 얼마나 최고인 줄을 알았습니다. 셋째는 집안이 가난해서 초등학교 4학년 때 중퇴했는데, 이 때문에 '배움'이 얼마나 절실한지를 알게 되었습니다."

간혹 범죄를 저지르는 사람들은 자신이 그렇게 된 원인을 어린 시절로 돌린다. 부모를 잘못 만난 탓, 배우지 못한 탓, 자본이 없는 탓 등 '~때문에' 자신의 인생이 잘못 되었다면서 자신 밖에서 원망의 대상을 찾는다. 하지만 결국 모든 것은 자신에게서 생겨나는 것이요, 자신이 짓는 것(업, 행위)에 의해서 세상이 만들어진다. 그러니 남 탓하지 말고, 인생의 키워드를 '자신'으로 바꾸어라. 한 마디로 행복도 불행도 자신이 만드는 법이다!

제2장

"나부터
돌아보라"

성숙한 마음을 만드는 부처의 지혜

절대로 변하지 않는
인생의 진리

선한 일(善業)을 했으면
늘 선행을 지속하도록 자신을 격려하라.
꾸준히 선한 일을 실천하면,
미래는 당연히 행복할 것이다.
〈악행 이야기〉 118

불교의 근간을 이루는 것은 인과(因果)이다. 그래서 강의나
법문을 진행할 때 이러한 말을 자주 한다.

"해탈과 성불보다 더 중요한 것은 인과에 대한 확고한 믿음과 이를
삶 속에 구현시킴으로써 인간답게 사는 것이다."

《법구경》과 마찬가지로 초기불교 경전인 《중아함경(中阿含經)》을 보면 이러한 인과와 관련한 이야기가 등장한다.

"만일 어떤 사람이 몸으로 사람을 때리거나 육두문자로 폭언하며 부모에게 불효한다면 이 사람은 반드시 지옥에 떨어진다. 그래서 내(부처님)가 중생이 지옥에 떨어질 것을 염려해 지옥을 다스리는 염라대왕에게 다섯 천사를 보내어 중생들에게 표본을 보여 주며 가르치라고 하였다. 이 천사들을 본 뒤 악행을 멈추고 선행을 한다면 지옥에 떨어지지 않을 것이다.

염라대왕이 보낸 첫 번째 천사는 부모이다. 어떤 마을에 아이가 태어나면 그 아이는 어려서 자신의 대소변도 가리지 못하고 버둥거린다. 그때 부모는 아기를 기르고 목욕시키며 깨끗하게 한다. 그 천사를 보고도 부모에게 악행을 저지른다면 마땅히 과보(果報)를 받을 것이다.

두 번째 천사는 노인이다. 머리가 희고, 이가 빠졌으며, 허리가 굽어 몸을 벌벌 떨면서 지팡이를 의지해 걸어가는 사람을 보았을 것이다. 그는 한때 젊고 청춘을 자랑했으나 나이가 들어 수명이 다해 목숨이 끊어지는 고통을 받는다. 그 천사를 보고도 선업을 짓지 않으면 마땅히 과보를 받을 것이다.

세 번째 천사는 병자이다. 병이 들어 몸이 힘들고 괴로운 채로 침대에 누워 있는 사람을 본 적이 있을 것이다. 그도 한때는 건강했으나

법구경 마음공부

어느 순간 병이 들어 목숨이 끊어질 듯 고통을 받고 괴로워한다. 그 천사를 보고도 선업을 짓지 않는다면 반드시 악업의 과보가 따를 것이다.

네 번째 천사는 죽은 사람이다. 어떤 사람이 죽으면 며칠 뒤 육신이 썩어 냄새가 진동한다. 그 시체는 들이나 산에 버려져 까마귀와 솔개에게 쪼이거나 승냥이의 먹잇감이 된다. 또는 불에 태워지거나 땅에 묻힌다. 그 천사를 보고도 선업을 짓지 않고 악행을 일삼는다면 반드시 악업의 과보가 있을 것이다.

다섯 번째 천사는 감옥의 죄수이다. 죄를 지은 사람은 형벌을 받거나 손발이 묶인 채 옥에 갇혀 고통을 받는다. 그 천사를 보고도 선업을 짓지 않는다면 마땅히 과보를 받을 것이다.”

불교에 천사가 등장하는 것을 의아하게 생각할 수도 있다. 여기서 말하는 천사는 다른 종교에서 말하는 천사라기보다 중생을 교화하기 위해 갖가지 형상으로 나타난 화신(化身)과 같은 상징이라고 보면 된다.

내가 움직이는 대로 바뀌는 인생길
2023년 9월, 영국 킹스칼리지 런던 정책연구소가 세계 주요

국에서 설문 조사한 내용이 보도되었다. '열심히 일하면 그 결과로 더 잘살게 된다'라는 명제에 동의하는지를 묻는 설문이었다. 결과를 보면, 한국인 가운데 16퍼센트만이 '열심히 일하면 결국 더 잘살게 된다'라는 명제에 동의했다. 이는 설문 조사를 진행한 열여덟 개국 가운데 가장 낮은 수치로, '노력만으로는 잘 살기 힘들다'라는 답변이 압도적이었다. 한국인 사이에서는 '운이 따라야 성공한다'는 인식이 팽배하다고 볼 수 있다.

앞의 조사 결과를 전적으로 믿을 필요는 없다. 그러나 한국인으로서 다음과 같은 두 가지 생각을 되새길 필요는 있다고 본다.

첫째, 스스로를 낮추지 말자. '노력에 대한 보상이 적다'라는 명제에 동의하는 이가 많다는 것은 긍정적으로 생각할 힘을 잃은 사람이 많은 상태라고 볼 수 있다. 또 다른 통계 자료에 따르면, 한국은 자살율 세계 1위 자리를 꾸준히 유지하고 있다고 한다. '한국인의 DNA에 우울 인자가 있는 것이 아닌가'라는 생각이 들 정도이다. 자신에 대한 신뢰와 자존감이 갖추어졌을 때 긍정적으로 세상을 바라볼 수 있다. 자신이 귀중한 존재임을 잊지 말자.

둘째, 인과는 종교를 떠나 누구도 부정할 수 없는 진리라는 점을 잊지 말자. 인과법은 불교 사상을 넘어 인류의 보편적 법칙이다. 불교뿐만 아니라 성경에도 '뿌린 대로 거두리라(As you sow, so you shall reap)'라는 말이 있다. 선행을 하면 언젠가는 복을 받게 되어 있고, 악행에는 반드시 업보가 따른다.

자신의 노력에 대한 보상을 조금 늦게 받을 수도 있다. 그러나 노력의 결과는 언젠가 반드시 드러난다. 보편적인 진리는 절대 빗겨가지 않는다는 걸 기억하자.

너그럽게
인정하면 된다

남의 잘못이나 그릇된 행동을 눈여겨보지 말고,
자신의 과오나 그릇된 행실을 살펴라.
이렇게 하면 상대와의 다툼이 소멸될 뿐만 아니라
그대의 근심·걱정도 소멸될 것이다.
〈대구 이야기〉 6

부처님 재세시, 코삼비 지역에서 큰 문제가 발생했다. 코삼비는 중인도에 위치했던 고대 도시로, 부처님께서 활동하실때는 불교 주요 거점이 아니었다. 그러나 부처님께서 열반하신 뒤 아난 존자가 활동해 불교가 크게 발전한 곳이다.

당시 코삼비 지역에 고시따 수도원이 있었다. 이는 지역에서 가장 큰 수도원으로 5백여 명의 승려들이 거주했는데, 이곳에 학식과 덕망이 높은 두 비구가 있었다. 한 비구는 강사로서 불교적 학문이 매우 뛰어났고, 또 한 비구는 율사로서 계율에 뛰어났다. 참고로 불교에서는 각각 수행에만 집중하는 승려를 선사(禪師), 계율에 견해가 뛰어나며 계율에 철저한 승려를 율사(律師), 경전 강의에 해박한 승려를 경사(經師), 불교적 진리에 뛰어난 승려를 강사(講師)라고 한다. 이는 부처님 시대부터 어느 정도 구분되어 있었다.

두 비구는 각각 몇백 명의 제자를 거느린 비구들이었다. 어느 날 강사 비구가 화장실을 사용하며 사소한 계율을 범했다. 계율에 의하면 화장실을 사용하고 난 다음 준비된 물을 쏟아 변기를 깨끗하게 씻고 물통을 거꾸로 두어야 하는데, 강사 비구가 뒤처리를 완벽하게 하지 않은 것이다. 마침 율사 비구가 화장실에 들어갔다가 이 현장을 보고 강사 비구에게 "계율에 어긋난 행동"이라며 이의를 제기했다. 강사 비구는 "그런 사소한 것을 가지고 시비를 건다"라며 반박했다. 이렇게 두 비구의 싸움이 시작되고, 그들이 거느린 제자들까지 합세하면서 싸움은 걷잡을 수 없이 커졌다. 분쟁이 점점 커지자 부처님께서 직접 중재에 나서서 말씀하셨다.

"비구들이여, 이런 다툼은 수행자들에게 전혀 도움 되지 않는다. 더 이상 싸우지 말고 화합하라. 다툼이 계속된다면 그 피해는 다른 사람이 아닌 그대들에게 돌아간다."

부처님께서 양쪽 비구들을 데려다 이렇게 타일렀는데도 분쟁은 계속되었다. 부처님께서는 여기서 멈추지 않고 세상의 황제들이 전쟁을 멈추고 평화를 누렸다는 이야기를 해 주며 "비구들은 인욕(忍辱)으로 서로를 용서해야 한다"라고 하셨지만 소용이 없었다. 결국 부처님께서는 이들의 싸움에 지쳐 멀리 숲속으로 떠나 홀로 조용히 보내셨다.

먼저 인정하는 자가 진정으로 이긴 자다

불교사에서는 이 일화를 '코삼비 분쟁'이라고 한다. 부처님 전기집이나 불교 여러 경전에 코삼비 분쟁이 언급되지 않는 곳이 없는 것으로 봐서 당시 이 분쟁이 심각한 문제였던 것으로 보인다.

이 다음 내용이 더 있다. 부처님께서 홀로 다른 곳으로 옮겨 간 사이, 신자들이 승가에 반발했다. "부처님을 빨리 모셔 오지 않으면 스님들께 공양을 올리지 않겠다"라며 으름장을 놓았다고 보면 된다. 사태가 심각해지자 그제야 비구 스님들이 반성하고 부처님을 찾아가 참회하면서 일이 해결되었다.

'서로 조금씩만 양보하면 되는데 왜 저럴까?'라는 생각이 저

법구경 마음공부

절로 든다. 그런데 막상 당사자가 되어 다른 사람들과 다투는 일이 생기면 앞의 이야기처럼 똑같이 행동하는 경우가 대부분일 것이다. 종종 인터넷에 올라오는 분쟁 이야기를 보면, 대체로 좋게 끝나지 않는다. 양쪽 모두 큰 손해를 보거나 어느 한쪽이 크게 다치는 경우도 있다.

예수님도 "제 눈의 대들보는 보지 못하면서 남의 눈에 있는 작은 티끌은 잘 본다"라고 하셨다. 예나 지금이나 인간은 남의 단점은 크게 부각하고 자신의 단점은 어떤 방법을 동원해서라도 합리화하려 한다. 공자는 사람 사이에 분쟁이 생길 경우, 자신의 과오를 빨리 인정하는 것이 합리적이라고 하였다. 그러면서 자신의 과오를 인정하는 것을 궁사(弓師)에 비유했다.

> **"활쏘기를 하는 것은 군자다운 면이 있다. 그대가 쏜 화살이 과녁에서 벗어나면 자기 자신에 돌이켜서 자신의 잘못된 점을 찾기 때문이다."**

즉, 과녁이 그 자리에 그대로 있는데도 화살이 과녁에 적중하지 못한 경우에는 "내가 잘못 쏘았소"라고 바로 인정하라는 말이다. 또 화살을 높이 쏘았다면 "지나치게 화살을 높이 쏘았다"라고 인정하고, 과녁 아래로 떨어지면 "화살을 낮게 쏘았다"라며 자신의 과오를 인정하라는 것이다.

우리 대부분 자신의 단점에 너그럽고 남의 단점은 엄하게 지적한다. 실은 어떤 문제가 발생하면, 저 사람이 어떠하든 간에 '나의 관용정신이 부족한가 보다'라고 여기면 되는데, 이와 같이 생각하기가 그리 쉽지 않다. 그러나 이런 마음가짐도 글을 통해 인지하고, 연습하면 된다. 억지로라도 스스로 마음 전환코자 하는 자세가 중요하다.

어떤 일이든 자신이 문제 삼지 않으면 자연스럽게 넘어갈 수 있다. 모든 것들은 자신으로부터 발생하는 법이다. 특히 나쁜 일이 발생하면 자신부터 돌아보자. 절대 남 탓이 아니다. 화살표를 우선 자신에게 돌려 보아라.

나의 과오부터
살펴라

남의 그릇됨이나 잘못된 행실을 탓하지 말고,
먼저 자신의 행실이 어떠했는지(선업·악업)를 살펴라.
〈꽃 이야기(華香品)〉 50

타인의 옳고 그름을 따지기 전에 먼저 자신의 말과 행동이
어떠했는지를 살피라는 뜻이다.

다른 이의 잘못된 행동을 보았을 때 우리는 어떠한가? '나는
그러지 말아야지!'라며 타산지석으로 삼고 자신의 행동을 돌
아보는가? 또 누군가가 자신의 결점을 지적해 주면 반성의 기
회로 삼는가? 머리로는 알아도 실제로 이처럼 살기는 쉽지 않
다. 여기서는 반성과 관련한 불교의 참회의식을 소개하려고
한다.

《백유경(百喩經)》[1]에 이런 내용이 있다.

방 안에 여러 사람이 둘러앉아 대화를 하고 있었다. 사람들 가운데 B가 말했다.

"A는 다 좋은데 두 가지 허물이 있다. 첫째는 불쑥 불쑥 화를 잘 내는 것이요, 둘째는 지나치게 서둘러서 경솔하게 행동하는 것이다."

공교롭게도 문밖에서 이 말을 들은 A가 방문을 벌컥 열고 들어와 화를 내며 B의 멱살을 잡았다.

"이 어리석고 나쁜 인간아! 내가 언제 화를 잘 냈느냐?"

A는 욕설을 퍼부으며 다짜고짜 주먹까지 휘둘렀다. 함께 있던 사람들이 말리면서 말했다.

"지금 자네가 갑자기 방으로 들어와 화를 내고 폭력을 휘두르고 있으니, 이것이 경솔하게 행동하는 것이 아닌가?"

만취한 사람이 비틀거리다가 꾸지람을 들으면 도리어 그를 원망하거나, 자신은 '취하지 않았고 멀쩡하다'라고 변명하며 더 추한 모습을 보이는 것과 같다. 앞의 A는 오히려 자신의 허물을 만천하에 드러낸 셈이다.

---

1   《백유경》은 이솝우화처럼 짧은 이야기로 구성된 경전으로, 어리석음을 경고하며 교훈적인 내용을 담고 있다. 저자는 5세기 초 인도 승려 승가사나(僧伽斯那)이다. 경전 이름은 '100가지 비유(百喩)'를 뜻하지만, 98가지 비유로 구성되어 있다.

내게도 허물이 있다면 반드시 말해 달라

당나라 태종은 중국의 3대 성군 가운데 한 명이다. 태종은 자신의 결점을 절대 감추지 않았다고 한다. 어느 신하라도 국정과 관련해 발언할 수 있었고, 황제의 단점이나 허물에 대해 건의할 수 있었다. 이런 황제였기에 중국 역사에서 최고의 황제로 존경받는 듯하다.

불교에서 잘못된 행동을 바로 잡는 참회 의식으로 '포살(布薩)'과 '자자(自恣)'가 있다. 포살은 매월 15일과 그믐날 모든 승려가 모여 보름간의 생활을 반성하는 의식으로, 한 달에 두 번 이루어진다. 대중 가운데 연장자인 장로가 계율의 항목(戒目)을 읽을 때 자신이 잘못한 일이 있으면 자발적으로 일어나 대중 앞에 고백하고 참회한다. 죄를 고한 이는 계율의 경중(輕重)에 따라 승가(僧伽, 교단 내의 승려 집단)에서 정해 주는 처벌을 받아들여야 한다.

경상도 청도 운문사 승가대학에서 공부하던 젊은 시절에는 밥을 태우거나 장작불을 너무 많이 넣어서 큰방(승려들이 기거하는 방)을 덥게 한 경우에도 대중 앞에서 참회했다. 또 종을 잘못 치거나 승려들끼리 말다툼한 경우, 무단으로 예불에 빠졌거나 빨래를 제시간에 걷지 않는 등 세세한 실수도 포살 의식 때 참회했다.

자자는 90일간의 결제[2]가 끝나는 마지막 날 밤에 참회하는 의식을 말한다. 자발적으로 참회하는 것이 아니라 모든 승려가 한 장소에 모여 서로서로 잘못된 행위를 지적해 주는 것이다. 지적을 받은 비구는 잘못을 시인하고 대중[3]스님에게 참회해야 한다. 이런 자자 의식에는 부처님도 참여하셨다. 부처님께서는 이 자자 의식 때마다 제자들에게 늘 이런 말씀을 하셨다.

"내게도 허물이 있다면, 반드시 말해 달라."

부처님 재세시에는 계율이 매우 엄격했다. 부처님께서 열반하시고 승가가 여러 교단으로 나뉘지게 된 첫 번째 요인도 계율 문제였다.

"사람이 만약 많은 허물을 가지고 있으면서 스스로 그 마음을 뉘우치지 않으면 모든 허물(업보)이 자신에게 돌아온다. 이는 마치 냇물이 바다로 들어가 점점 깊어지고 넓어지는 것과 같은 이치이니라. 그러나 자신에게 허물이 있다는 것을 잘 알고, 뉘우쳐 허물을 좋은 쪽으로 변화해 가면 죄업은 차츰 차츰 소멸된다. 이는 마치 병든 사람

---

2   結制. 승려들이 여름에 비가 많이 내리는 90일간 일정한 곳에서 수행하는 것을 말한다.
3   大衆. 많은 무리라는 뜻으로, 많은 스님들 또는 사부대중을 총칭한다.

이 땀을 내고 조금씩 (몸이) 회복되는 것과 같다."

《사십이장경》

인간은 처음부터 성인(聖人)으로 태어나지 않기에, 우리 모두가 번뇌투성이 중생이다. 그러니 당연히 실수하고 그릇된 행동도 한다. 바로 이럴 때 참회를 통해 새롭게 태어나고자 노력하는 것이 인간의 도리라고 본다. 《논어(論語)》에서도 '허물이 있으면 고치기를 꺼리지 마라(過則勿憚改)'라고 하였다. 그 어떤 것이든 자기 발전의 기회로 삼는 이성적 태도가 필요하다. 허물이나 실수를 부끄러워하지 말자.

'나'를 망치는 건 언제나
'나' 자신이었다

쇠 스스로에서 생긴 녹이 쇠를 갉아 먹듯이
자신이 만든 악행으로 자기 스스로를 망친다.
〈때 묻음 이야기(塵垢品)〉 240

개인적으로 좋아하는 게송이다. 쇠 스스로에서 나온 녹으로
쇠가 부서진다. 어느 누구도 자신을 망가뜨릴 수 없다. 결국
자신이 만든 욕심과 그릇됨으로 자기 스스로를 망치는 법이
다. 조병화 시인의 〈천적(天敵)〉이라는 시가 이 게송을 설명하
기에 적합하다.

'천적'이란 동물 세계에서나 인간세계에서 자신을 가장 위협
하는 존재이다. 사자는 정글에서 군림하는 왕이다. 어떤 동물
도 감히 사자에게 덤비지 못한다. 사자에게 있어 그를 위협하

법구경 마음공부

는 천적은 없는 셈이다. 그런데 그 용감무쌍한 사자에게도 무서운 적이 하나 있다. 그 적은 사자의 몸속에 생겨난 작은 벌레이다. '사자신중충(獅子身中虫)'이라는 말이 있는데, 사자의 몸에서 생겨난 벌레가 사자의 살을 파먹어 간다는 뜻이다. 결국 아무리 용감한 사자도 외부가 아니라 내부에서 생겨난 작은 존재에 의해 무너진다.

원고 서두의 게송의 사연과 관련된다. 부처님 재세시 한 비구가 옷감의 질이 좋은 가사(袈裟, 승려들의 법복)를 어느 신자로부터 공양 받았다. 모순적이게도 그 비구는 가사를 입어 보지도 못한 채 죽음을 맞이했다. 이 비구는 죽는 순간뿐만 아니라 죽은 뒤에도 그 가사에 집착했다.

부처님께서 제자들에게 이렇게 말씀하셨다.

"집착은 무서운 것이며, 위험한 것이다. 쇠에서 나온 녹이 쇠를 삭히듯이 사람은 자신의 집착으로 자기 스스로를 망치고 있다. 비구들은 어떤 공양물이든 풍족하기를 바라지 말고, 집착해서는 안 되느니라."

수행자가 집착(번뇌)으로 인해 자신을 망치고 있으니, 집착을 버리라는 뜻이다. 이 게송이 세간에 던지는 의미는 매우 크다. 《법구경》 제42번 게송에서도 '상대방이 주는 피해보다 매우 심각한 것은 자신의 그릇된 마음'이라고 하였는데, 모두 같은 의미이다. 외부의 적으로 무너지는 것이 아니라 내부에서 일어난 분열로 자신이 파괴되는 법이다. 프랑스의 수학자이자 철학자인 파스칼도 "불행은 자기 자신에게서 만들어진다"라고 하였다.

인생에서 가장 위대한 동반자

한 집안 식구끼리 뭉쳐 단합이 되었을 때는 세상의 그 어떤 어려움도 이겨 낼 수 있는 법이다. 한 나라가 망할 때는 외부의 무서운 공격보다 내부 갈등이 문제가 되어 망하는 경우도 많았다.

한국사를 공부한 사람들이 한결같이 하는 말이 있다. 삼국 통일을 고구려가 했다면 현 중국의 만주 땅까지 한국이 됐을지도 모른다는 이야기이다. 고구려가 망하기 전 왕좌를 차지하기 위한 왕자들의 싸움이 지속되자, 결국 나라의 주도권이 대막리지인 연개소문에게 넘어갔다. 그런데 연개소문이 죽자 이번에는 그의 세 아들이 서로 군권을 장악하려고 싸움을 하였고, 결국 신라에게 망하게 된다. 아무리 강력한 국가일지라도 내분이 있으면 몰락하는 것은 한순간의 일이다.

인생에서도 전쟁의 적군을 물리치는 데 집중하는 사람보다 자신을 이기는 사람이 위대한 승리자가 된다. 자신을 극복하는 것이 최선의 길이다. 어떤 일을 이루고자 했을 때 게을러지는 습성, 편안함 추구, 못된 근성 등을 이겨 내야 한다. 진정 이것을 이겨 냈을 때 인생에서 승리자가 되는 법이다. 히말라야 산 정상에 오르는 것도 추위와 고통 속에서 자기 자신을 이겨 낼 때 가능하다고 본다.

이 세상은 신이 주는 능력과 의지대로 살아가는 것이 아니라, 자신의 의지로 살아가는 것이다. '하늘은 스스로 돕는 자를 돕는다'라고 하였다. 그대 인생을 책임지고 주도해 갈 사람은 신이 아니라 바로 자신이다. 어느 누구도 대신 살아 주지 않는다. 스스로의 힘으로 일어나야 한다. '자신'이란 존재는 세상에서 가장 무서운 천적도 되지만, 동시에 가장 위대한 동반자이기도 하다.

매사 입을
어떻게 쓰고 있는가

입을 조심해 말이 적으며, 무거워야 한다.
마음을 고요하게 해서
교만하지 않아야 존경받는다.
〈비구 이야기(比丘品)〉 363

천성적으로 말을 잘 참지 못하고 누구에게나 함부로 말하는
비구가 있었다. 자신과 연유도 없는 사람을 악담하거나 비방
하기도 했는데, 특히 사리불 존자와 목련 존자를 매우 심하게
비방했다. 부처님께서는 그 비구에게 "늘 말조심하고, 함부로
비구들을 욕하지 말라"라고 말씀하셨다. 이후 제자들을 다 모
이게 한 뒤에 다음 이야기를 들려주었다.

옛날 히말라야 지역, 한 호수에 거북이 한 마리가 살고 있었다. 우연히 그 호수에 기러기 두 마리가 먹을 것을 찾아 내려왔다가 거북이와 친해졌다. 그러던 어느 날 기러기들이 거북이에게 말했다.

"우리는 히말라야 지방 산봉우리에서 황금으로 꾸며진 동굴에 살고 있다네. 아주 좋은 곳인데 함께 가십시다."

"나는 날개가 없어 날 수 없는데, 어떻게 갈 수 있겠는가?"

"걱정하지 말게. 우리가 자네를 데려다 줄 테니 자네는 그저 입을 다물고 침묵만 지키고 있으면 되네."

기러기들은 막대기 하나를 준비해 거북이에게 그것을 물게 하고, 자신들이 양쪽 끝을 물고 허공으로 날아올랐다. 이렇게 셋이 하늘을 날아가고 있는데, 아래에서 이 광경을 본 사람들이 말했다.

"저길 봐! 기러기 두 마리가 거북이를 매달고 날아간다."

그 말을 들은 거북이는 기러기가 침묵하라고 했던 것을 잠시 잊고, 이렇게 대꾸했다.

"남이야 뭘 하든 간에 너희들이 웬 참견이냐?"

이렇게 거북이가 참지 못하고 입을 여는 순간, 동시에 허공에서 떨어져 죽고 말았다. 부처님께서 이 이야기를 제자들에게 들려준 뒤에 말씀하셨다.

"수행자는 자기의 혀를 잘 다스려야 한다. 누군가로부터 기분이 상했다고 하여 함부로 대적해서는 안 된다. 무엇보다도 마음속으로부터 나쁜 감정이 일어나지 않도록 늘 스스로를 경계하고 조심하여야 한다."

《자비도량참법(慈悲道場懺法)》에서도 '구업(口業)은 모든 원결과 화의 문'이라고 하였다. 구업이란 입으로 남에게 악담하거나 비방하며, 사람을 이간질하는 등 말로 나쁜 업 짓는 것을 말한다. 불교에서는 몸으로 폭행하거나 때리는 것을 신업(身業)이라 하고, 나쁜 생각 하는 것을 의업(意業)이라고 한다. 그런데 불교에서는 세 가지 업 가운데, 구업 조심을 가장 강조한다.

많은 공덕을 짓고도 입으로 다 까먹는 이들이 있으며, 말 한마디로 철천지 원수가 되기도 한다. 반대로 말 한마디로 천 냥 빚을 갚는 경우도 있으며, 상대에게 좋은 말을 하거나 칭찬함으로써 서로 좋은 인연을 맺기도 한다. 이렇게 입은 복덕(福德)을 심는 근원이 될 수 있다.

좋은 결과이든 나쁜 결과이든 모든 일의 원인은 자신의 입에서 만들어진다. 어느 사찰에서나 독경을 많이 하는 《천수경(千手經)》 첫머리에도 '정구업진언(淨口業眞言, 입으로 지은 행위를 청정하게 하는 진언)'이 등장한다. 경전 독송 첫머리에 이 구절이 나오는 것은 경전을 독경하기 전에 입을 청정하게 한 뒤에 기도를 시작하라는 의미이다. 또한, 평소 입을 통해 사람과 악연을 짓고, 입을 통해 실수를 많이 한다는 뜻도 담겨 있다.

선(禪)의 화두에 '활인검(活人劍) 살인도(殺人刀)'라는 말이 있다. 의사가 수술할 때 쓰는 칼은 사람을 살리는 데 쓰이지만, 사람을 해쳤을 때는 죽이기 위한 무기로 쓰인다. 즉, 칼을 마음에 비유한 것이다. 우리나라 스님들이 참선하는 큰방의 편액을 보면 심검당(尋劍堂)이 자주 보인다. 마음을 좋은 쪽으로 쓸 수도 있고, 악한 쪽으로 쓸 수도 있다는 말이다. 조금 더 나아가 말하면, 마음을 잘 닦으면 부처가 되지만 그릇되게 쓰면 악인이 된다.

사실 마음보다는 입(말)이 활인검 살인도에 해당한다고 보는 것이 가장 적절한 듯하다. 입을 통하면 사람을 살릴 수도 있고, 악담이나 비방을 통해 사람을 죽일 수도 있기 때문이다. 늘 조심하며 살자. 그리고 이왕이면 내 입을 좋은 쪽으로 활용하자.

왜 누워서
침을 뱉는가

사람에게 악담하거나 폭력을 행사하면
악행의 과보는 자신에게 돌아간다.
마치 바람을 거슬러 먼지가 날아가듯이.
〈악행 이야기〉 125

　부처님 재세시 사냥꾼 꼬까는 사냥하러 가는 길녘에 탁발하
는 비구들을 만났다. 이 사냥꾼은 불교를 믿지 않아서인지, 비
구들을 보고 마음이 언짢았다. 그리고 그날 사냥에 실패해 아
무 것도 얻지 못하고 집으로 가던 중 아이러니하게도 또 한 비
구를 만났다. 사냥꾼은 마침 화가 나 있던 차에 분풀이로 사냥
개들을 풀어서 그 비구에게 달려들도록 했다. 비구는 놀라서
나무 위로 올라갔다. 이 사냥꾼은 나무에 매달려 있는 비구에

게 다가가 화살로 비구의 엉덩이를 찔렀다. 이때 비구가 입고 있던 가사가 땅에 흘러서 사냥꾼의 머리 위를 덮었다. 개들은 가사로 뒤덮인 주인을 알아보지 못하고, 사냥꾼에게 덤벼들었다. 한참 뒤 사냥개들이 흩어지고 비구가 나무 아래로 내려가 보니 사냥꾼이 죽어 있었다. 비구는 자기 때문에 사냥꾼이 죽었다며 매우 마음 아파했다. 비구가 부처님께 찾아가 낮에 있었던 일을 말하자 이렇게 말씀하셨다.

"그대는 사냥꾼의 죽음에 어떤 책임도 없다. 그러니 가책할 필요가 없다. 그대는 계율을 어긴 것이 아니다. 그 사냥꾼이 자신과 전혀 관계가 없는 사람에게 해코지를 한 것이다. 자신의 그릇된 행동에 스스로 비참한 결과를 초래한 것이다."

살면서 누구나 이와 비슷한 일들을 겪는다. 전혀 관계도 없는 사람이 칼로 휘둘러 사람을 죽이거나 상해하는 일도 많다. 또한 악플을 통해 해를 끼치는 경우도 있다. 이는 사람의 영혼을 죽이는 일이다. 《사십이장경》에도 앞의 게송과 비슷한 내용이 있다.

"포악한 사람이 이유도 없이 사람을 해치는 것은 마치 하늘을 우러러 침을 뱉는 것과 같다. 그 침은 하늘에 머물지 않고 오히려 자신에게 떨어진다. 또한 바람을 거슬러 티끌을 날리면 그 티끌이 저쪽으로 가지 않고 오히려 자신에게 날아오는 것처럼, 아무런 연고도 없이 사람을 해치면 반드시 그 재앙은 자신에게 돌아간다."

모르는 상대에게 해를 입었다고 해서 화를 낼 필요는 없다. 왜냐하면 그 상대는 자기 스스로를 미워하는 행위를 한 것이기 때문이다. 이들은 자기 생각대로 상대를 평가하고 결론 내린다. 불교 유식 이론에 '일수사견(一水四見)'이라는 말이 있다. '같은 물이라도 천인(天人)은 보석으로 장식된 연못이라고 보고, 인간은 단지 물(水)로 보며, 아귀는 피(血)로 보고, 물고기는 자신이 사는 주처(住處)로 여긴다'라는 의미이다. 어떤 대상이든 보는 자의 견해에 따라 다르게 생각되거나 평가된다.

송대의 소동파는 문인이자 정치가이며 지극한 불자였다. 여러 스님들과 교류가 많았는데, 특히 불인 요원(佛印了元, 1020~1086) 선사와는 친구 사이로 진리를 나누고 함께 좌선하는 친구였다. 어느 날 두 사람이 마주 보고 좌선을 할 때 소동파가 선사에게 물었다.

"스님, 제가 좌선하는 자세가 어떻습니까?"

"부처님 같습니다."

소동파는 선사의 말에 의기양양해졌다. 이번에는 선사가 동파에게 물었다.

"그럼 제 자세는 어떻습니까?"

"스님께서 앉아 있는 자세는 마치 소의 똥 무더기 같습니다."

선사는 미소를 지으며, 동파 거사에게 합장으로 답했다. 동파는 집으로 돌아와 부인에게 낮에 있었던 일을 들려주었다. 부인은 이야기를 다 들은 뒤 태연스럽게 말했다.

"당신은 선사에게 비참하게 패하신 겁니다. 선사는 평소에 부처 마음만 품고 살다 보니 당신을 부처님으로 보는 것이요, 당신은 늘 마음속에 탐욕심만 품고 살고 있으니 청정한 선사를 더러운 똥 무더기로 보는 것이 아닙니까?"

부처는 중생도 모두 부처로 보지만, 중생은 부처까지도 중생으로 깎아 내린다. 상대방을 볼 때 자신의 견해대로 상대방을 평가하고 자신의 잣대대로 상대방을 저울질한다. 즉, 자신이 돼지 마음을 품고 있으면 상대방도 돼지로 보일 수밖에 없고, 자신이 부처 마음을 품고 있으면 상대방도 부처로 보이는 법이다. 결국 상대를 꾸짖고 비난함도 자신에게 그런 결점이 있기 때문에 상대방의 약점이 보이는 것이다.

앞의 비구 스님 이야기처럼 억울한 일을 당하거나, 전혀 의도치 않았던 일로 평가받은 적도 있을 것이다. 남을 비방하는 것은 그 자신의 인격에 문제가 있음을 드러내는 것이요, 자기의 악업(惡業)을 짓는 꼴이다. 상대방은 있는 그대로 존재할 뿐이다. 혹 누군가 그대를 비방하면 내버려 두어라. 누워서 자기 얼굴에 침을 뱉는 것과 같은 이치이다. 상대가 내세우는 옳고 그름에 휘말려 들어갈 필요가 없다.

말이 부른 복,
말로 쌓은 악업

사납게 말하지 말라. 가는 말이 고와야 오는 말이 고운 법이다.
상대방에게 악한 말을 하면,
오히려 부메랑이 되어 보복을 당할 수 있다.
〈벌 받는 이야기〉 133

부처님 재세시, 어느 스님이 사위성 파사익왕으로부터 왕궁으로 와 달라는 초청을 받았다. 그런데 주변에서 "어찌 청정하지 못한 비구가 왕궁의 초청을 받느냐?"라고 비아냥대며 스님의 도덕성을 문제 삼았다. 그러자 스님은 상대방에게 호통을 치면서 "그대들이야말로 문제가 있지 않느냐? 저번에 어느 여인들과 함께 다니지 않았느냐"라며 따졌다. 이들은 있는 말 없는 말을 모두 동원해 서로를 비방하였다. 결국 부처님께서 승려들 간에 서로 비방하는 것을 알고, 왕궁에 초청 받은 스님을 불러 이렇게 말씀하셨다.

"너는 이번 생에 출가해서 도덕성에 문제가 없지만, 지난 과거 생에 (절친이었던) 두 비구를 이간질해서 그들을 헤어지게 만들었다. 그런 과거 생의 업보로 인해 이번 생에 지인들로부터 비방을 듣는 것이다. 그러니 상대방에게 악담을 해서는 안 되며, 말할 때도 조심해야 한다. 아무리 화가 나도 분명한 사실만을 말해야 한다."

인도를 비롯해 승가는 대체로 집단생활이다. 그러다 보니 스승과 제자 간 또는 동등한 도반(道伴, 친구)끼리도 종종 말로 인해 불화가 발생했다. 그래서 계율 관련 경전이나 《법구경》 등에 언어 문제에 대한 말씀이 많다.

사리불 존자가 부처님께 이런 질문을 한 적이 있다.

"부처님, 종종 이제 막 출가한 비구 스님들에게 잘못된 행동을 지적해야 하는데, 어떤 방법으로 하는 것이 서로 간에 불편하지 않겠습니까?"

부처님께서 대답하셨다.

"남의 잘못을 들춰낼 때는 다음 다섯 가지를 염두에 두어야 한다.

첫째, 들추려는 문제가 사실인지, 혹 거짓 소문인지를 반드시 확인해야 한다.

둘째, 그 문제를 지적할 때는 시기가 적절한지를 살펴야 한다.

셋째, 그 문제점에 대한 지적 사항이 상대방과 제삼자에게 모두 이익이 있어야 한다.

넷째, 부드럽고 조용하며, 번잡하거나 까다롭지 않아야 한다.

다섯째, 그 상대에 대한 애정 어린 마음을 유지하며 절대 화를 내지 않아야 한다."

《잡아함경(雜阿含經)》

앞의 부처님 말씀은 부드럽고 공정해야 한다는 의미로 정리할 수 있다.

3업 중에서 가장 중요한 '구업'

'말'이라는 것이 얼마나 엄중한 문제인지 다음 내용을 통해 설명해 보겠다. 과거에 물에 대고 좋은 말이나 나쁜 말을 했을 때 물이 어떻게 반응하는지 사진으로 보여 준 책이 있다. 똑같은 병에 물을 넣고 그 물에 "사랑한다, 고맙다, 예쁘다"라고 말하거나 즐거운 음악을 들려 주면 그 물이 다이아몬드 모양의 예쁜 결정체를 형성한다. 그 반대로 그 물에 "망할 놈, 밉다" 등 부정적인 말이나 무서운 형상을 보여 주면 물이 파열된 양상을 보이면서 서로 흩어졌다.

또 다른 실험이 있다. 세 개의 똑같은 그릇에 밥을 담아 두고 한 달 동안 매일 ①번 그릇에는 "고맙다, 예쁘다"라는 말을 해 주고, ②번 그릇에는 "망할 놈, 밉다"라며 욕을 했다. 그리고 ③번 그릇은 구석에 두고 관심도 보이지 않았다. 한 달 뒤에 각각의 그릇을 보니, 좋은 말을 들은 ①번 그릇의 밥은 누룩처럼 푸근한 향기를 풍기며 발효되었고, 나쁜 말을 들은 ②번 그릇의 밥은 부패해 까맣게 변했다. 무관심으로 일관했던 ③번 밥은 더 부패되어 새카맣게 변해 있었다.

앞 내용을 다른 관점에서 보는 이도 있을 것이다. 그러나 여기서는 이를 긍정적으로 평가한다. 불교 사상은 마음을 강조함으로써 그 어떤 것이든 마음 작용으로 변화시킬 수 있다고 보기 때문이다. 모든 생명체는 설령 무생물이지라도 그만한 힘을 갖고 있다.

우리나라 스님들이 법당에서 예불하는 의식 가운데 이런 내용이 있다.

"아금청정수 변위감로다 봉헌삼보전(我今淸淨水 變爲甘露茶 奉獻三寶前)"

법구경 마음공부

'제가 지금 부처님께 청정한 물을 올리고 예불하는데, 이 물이 감로의 좋은 차로 변화하게 해 주십시오'라고 비는 것이다. 기도의 가피(加被, 부처님이 자비를 베풀어 중생에게 힘을 줌)를 염두에 두기도 하지만, 여기에는 두 가지 의미가 함께 담겨 있다.

첫째, 이 세상의 모든 생명들이 행복하게 변화될 수 있도록 발원(發願)하는 의미이다. 둘째, 물이 어느 종교에서나 '청정'의 의미로 활용되는데, 불교에서도 물이 감로차가 되듯이 모든 중생의 고통이 소멸되어 행복하기를 발원하는 의미이다.

페루 인디언들은 바다에 나가 고기를 잡기 전에 낚싯대와 늘 이렇게 대화를 나눈다. "너는 바다에 나가면 고기를 많이 잡게 될 거야. 수고해, 나와 인연이 되어 고맙다"라며 대화를 나눈다고 한다. 무정물에 대한 애틋함이 느껴진다.

인간만이 희노애락을 느끼는 것 같지만 무생물체도 반응을 한다. 그러니 감정의 동물인 인간은 어떠하겠는가? 칼로 베인 상처는 곧 아물지만, 말로 입은 상처는 치유되기 어려운 법이다. 말 한마디에 천 냥 빚을 갚을 수도 있지만, 말 한마디에 큰 낭패를 당할 수도 있다. 인간은 몸과 입과 뜻으로 행위를 하는데, 이를 3업(三業, 身口意)이라고 한다. 좋지 않은 업(惡業)을 좋은 업(善業)으로 바꾸는 것이 불교의 수행이고 기도이다. 이 가운데 구업(口業)이 가장 위중하다. 말이란 어찌 보면, 그 사람의

인격 점수이다. 자칫 잘못하면 부메랑이 되어 날아와 오히려
자신에게 더 큰 화가 찾아올 수도 있다.

진리는 먼 곳에
있지 않다

꽃을 피웠다가 과감하게 꽃잎을 떨어뜨리는 재스민 꽃잎처럼,
그대 불자들이여! 탐욕·분노·어리석음을 과감하게 떨어뜨려라.
〈비구 이야기〉 377

서두의 게송은 부처님께서 비유를 들어 제자들에게 말씀하신 것이다. 재스민 꽃잎이 떨어지는 모습을 보면서 탐(貪)·진(瞋)·치(癡) 3독(번뇌)도 그렇게 떨어뜨려 없애라는 뜻이다.

부처님께서는 늘 어떤 상황이나 현상을 보시고 그것을 비유나 예화로 응용하여 가르치셨다. 진리나 수행이 멀리 있는 것이 아니다. 도처에 스승이 있는 셈이다. 즉, 어떤 것을 보든 마음공부하는 쪽으로 연결시키면 삶=공부=수행이 된다. 《법구경》에 있는 몇 가지 예를 더 보자.

어느 날 코끼리 한 마리가 늪에 빠졌는데, 사람들이 구조하려고 해도 구조되지 않았다. 사람들은 이 코끼리가 전쟁터에서 행진한 경험이 있다는 것을 알고 지혜를 발휘해 코끼리에게 군악대 악기 연주를 들려주었다. 그랬더니 코끼리가 웅장한 군악 소리를 듣고 스스로 늪에서 빠져나왔다. 부처님께서 그 모습을 보고, 제자들에게 이렇게 말씀하셨다.

"코끼리가 스스로 늪에서 빠져나오는 것처럼, 비구들도 번뇌의 늪에서 용감하게 벗어나야 한다."

《법구경》〈코끼리 이야기(象喩品)〉 327

또 다른 이야기이다. 어느 농부가 황소에게 (짐이 가득한) 수레를 끌도록 하며 채찍질을 했다. 황소가 있는 힘을 다해도 수레는 꿈쩍도 하지 않더니, 오히려 수레와 소를 연결한 줄이 끊어지고 말았다. 부처님께서 그 모습을 보시고 말씀하셨다.

"소의 멍에와 줄이 끊어지는 것처럼, 그대들 비구들은 번뇌의 줄을 끊어야 한다."

《법구경》〈참 수행자 이야기(婆羅門品)〉 398

한번은 스님들이 탁발을 나갔다가 손발이 쇠사슬로 묶인 죄수들을 보았다. 스님들이 탁발을 마치고 돌아와 거리에서 본 것을 부처님께 말하자, 부처님께서 이렇게 말씀하셨다.

"비구들이여, 이 세상 사람들은 끊임없이 재산과 명예, 먹는 것과 입는 옷 등에 집착해 있다. 이런 것들은 그대들이 낮에 본 쇠사슬보다 더 강한 집착들이다. 그러니 지혜로운 사람은 출가해서 수행을 통해 그 집착으로부터 벗어나 해탈의 즐거움을 얻어야 한다."

《법구경》〈탐욕 이야기(愛欲品)〉345

《화엄경(華嚴經)》에도 이런 비슷한 내용이 있다.

"올라가는 길을 볼 때는 '높은 경지에 올라야겠다'라는 마음을 갖고, 내려가는 길을 볼 때는 '진리의 매우 깊숙한 곳까지 이르러야겠다'라는 마음을 지녀야 한다. 흐르는 물을 볼 때 '진리의 길을 따라 부처님 세계에 들어가야지'라는 생각을 하고, 우물을 볼 때 '그윽한 진리(法水)를 마셔 최상의 가르침을 완성해야겠다'라는 서원을 세워야 한다."

부처님은 눈으로 보고 듣는 것들을 수행과 연결시켜 제자를 가르친 위대한 지도자이다. 이에 착안해 평소에 보고 듣고 겪

는 것을 마음공부와 연결시켜 보면 어떨까? 부정적인 생각이
아니라 긍정적으로 전환하며 말이다.

순간순간이 모두 깨달음의 길이다

일상의 삶 전체에서 살아가는 지혜를 배울 수 있다. 불법을
배우는 것과 인생을 따로 분리해서 볼 필요가 없다는 뜻이다.
우리나라 숭산(崇山, 1927~2004) 스님은 미국에서 포교를 할 때
늘 이렇게 지도했다고 한다.

> "양치질을 할 때는 모든 번뇌를 떨쳐 없앤다는 생각을 하라. 또 세탁
> 기에서 옷 세탁을 하면서는 마음을 청정케 한다는 생각을 하라. 비행
> 기 트랙을 오를 때는 높은 지혜에 오른다는 생각을 하라."

《금강경》에 '일체법이 다 불법(一切法 皆是佛法)'이라고 하였다.
그 어떤 것이든 삶 자체가 불법이요, 수행길이다. 《법화경》에
서도 '일체 생산업무가 모두 실상과 위배되지 않는다(一切治生産
業 皆與實相不相違背)'라고 하였다. 마찬가지로 일상의 모든 것이
깨달음의 길과 곧 다르지 않음을 말하고 있다. 그러니 멀리서
찾지 말라.

비난받지 않는 사람은 아무도 없다

아주 오래전부터 인간은 이러했다.

서로 서로 헐뜯고 비방한다는 사실이다.

또 말이 많아도 비방을 받고, 말이 적어도 비방을 받으며,

또한 적당히 말해도 비방을 받나니,

비방 받지 않는 사람은 이 세상에 아무도 없을 것이다.

〈분노 이야기(忿怒品)〉227

부처님 재세시 아뚤라라고 하는 불교 신자가 있었다. 그는 몇몇 친구들과 불교 진리를 공부하기 위해 모임을 만들었다. 마침내 아뚤라는 부처님을 찾아가 자신들의 상황을 설명한 뒤 (진리를 가르쳐 줄) 제자를 한 분 소개해 달라고 하였다. 부처님의 지시대로 그들은 레와따 존자를 찾아가 공부를 가르쳐 달

라고 하였다. 레와따는 그들에게 진리를 설해 주기로 약속해 놓고, 공부하는 날 찾아가면 아무 말도 하지 않고 정글의 사자처럼 침묵만을 지켰다. 아뚤라와 친구들은 존자의 이런 불성실한 태도에 기분이 상해서 다른 스님을 찾아 나섰다.

마침 사리불 존자가 훌륭하다는 소문을 듣고, 그들은 사리불을 찾아갔다. 사리불 존자는 신자들을 반갑게 맞이한 뒤, 그들에게 구구절절 자비롭게 불교 진리를 설명해 주었다. 그런데 이번에는 사리불이 마음에 들지 않았다. 자신들은 아직 불교에 대해 문외한인데, 너무 장황하게 진리를 설해 주어 지루하였다. 이들은 사리불 존자의 과잉 친절에 질려 존자에게 바쁘다는 핑계를 대고 다시는 그를 찾아가지 않았다.

극과 극을 달리는 대조적인 두 스님을 겪었던 이들은 이번에는 심사숙고하여 스승을 찾기로 했다. 이들은 겨우겨우 수소문해 아난 존자를 찾아갔다. 신자들은 이번 존자야말로 제대로 진리를 설해 줄 것이라고 확신했다. 그런데 아난 존자는 이들에게 불교 진리를 요점만 찍어서 설해 주고 떠나 버렸다. 이번에도 이들은 실망이 매우 컸고, 급기야 아난 존자를 험담하기 시작했다.

그들은 몇몇 스님들을 거치면서 시간만 낭비하고 진리를 배우지 못한 것에 화가 났다. 이러한 상태에서 마지막으로 부처님을 찾아가 하소연했다.

"부처님께서 소개해 주신 레와따 스님은 너무 성의 없이 침묵만 지켰고, 사리불 존자는 지나치게 진리를 많이 설해서 우리를 질리게 했으며, 아난 존자는 요점만 간단히 말해서 도저히 불법을 이해할 수 없었습니다. 저희들은 그들의 설법이 모두 마음에 들지 않습니다."

부처님께서 그들의 말을 경청한 뒤 이렇게 말씀하셨다.

"그대들은 남을 비방하고 불평하는 일을 습관적으로 하고 있구나. 이 세상의 어떤 사람이든지 남의 비방을 듣지 않은 사람은 하나도 없을 것이다. 설령 한 나라의 황제나 부처일지라도 비방을 듣는다. 입장을 바꿔 생각해 보아라. 설령 그대들이 사람들로부터 비방을 듣는다면 어떻겠느냐? 혹 그런 일을 겪으면, 어떤 말이든 무시해 버려라. 하지만 상대방이 그대보다 훌륭한 사람이라고 생각되면, 그 비판을 참고삼아 자신을 고쳐야 하느니라."

자신과 뜻이 맞지 않는다고 상대를 비난하고 비방했다는 이야기에는 놀라지 않을 수 없다. 현 시대에도 근거가 없는 악플을 달고 비방을 일삼는 경우가 부지기수인데, 고대에도 저런 경우가 있었다는 점이 놀랍다. 내가 상대를 비난하거나 비방하면, 언젠가는 그 화살이 부메랑되어 자신에게 돌아온다는 점을 반드시 기억해 두어야 한다.

하나를 더 덧붙이자면, 부처님도 참 자비로우시다는 생각이 든다. 존자들을 비방하고 다닌다며 야단을 치실 법도 한데 오히려 "비난받으면 그냥 스쳐 지나가는 일이라고 생각하라"라며 이들에게 좋은 말씀을 해 주신다. 반대로 누군가가 나를 헐뜯거나 비난하더라도 부처님 말씀처럼 '모든 인간들의 속성이 그러하거니…'라고 무시하고 넘겨라. 다 지나간다.

'인욕'하는 자의 진심은 반드시 통한다

혹 어느 누구로부터 해침을 당하거나 갖은 욕설을 들을지라도
상대에 원한을 품지 않고, 청정하게 사는 사람!
그를 일러 '훌륭한 성자'라고 한다.[4]

〈참 수행자 이야기〉 400

어떤 사람이 부처님께 이런 질문을 한 적이 있다.

"부처님, 당신께서 이 세상에 계시지 않는다면 누가 교단을 이끌면 좋겠습니까?"

"큰 깨달음을 얻은 제자로는 사리불이 최고이다. 내 사후에는 사리불이 법륜을 굴릴 것이다."

4 　여기서 훌륭한 성자는 사리불 존자를 말한다.

이 말 한마디에서 사리불을 향한 부처님의 신뢰가 얼마나 두터웠는지 느껴질 것이다. 친자식 라후라가 출가했을 때도 부처님께서는 사리불에게 교육을 맡겼다. 사리불 존자는 어떤 사람이기에 부처님께서 그를 후계자로 지목했던 것일까? 사리불 존자는 《법구경》뿐만 아니라 여러 경전에도 언급되어 있는데, 이는 인욕을 잘했기 때문이었다.

추위를 견디고 꽃피우는 매화처럼

어느 해 사리불 존자가 부처님과 함께 죽림정사에 머물고 있었다. 어느 날 사리불이 여러 제자들과 함께 멀리까지 탁발을 나갔다. 우연히도 비구 일행의 발길이 (사리불이) 출가 전에 살던 마을로 옮겨졌다. 사리불의 속가 부모집 앞에 서서 탁발을 하자, 그의 모친은 비구 일행을 집 안으로 불러들여 음식을 공양하였다. 스님들이 공양을 시작한 지 얼마 되지 않은 무렵, 어머니는 갑자기 성을 내며 아들을 꾸짖기 시작했다.

"어찌하여 너는 출가해서 남의 집에서 밥찌꺼기를 얻어먹고 다니느냐? 어찌하여 이상한 사람들과 함께 집집마다 다니며 밥을 빌어먹는 것이냐? 어찌하여 너는 출가해 팔십만 냥이나 되는 막대한 유산을 버린 것이냐? 너는 우리 집안을 망치게 한

장본인이다. 그리고 (함께한 비구들을 향해) 당신들도 모두 똑같소. 내 귀한 아들을 심부름꾼으로 생각하다니요. 어서 음식이나 먹고 나가십시오."

사리불 존자는 비구들과 제자 앞에서 모친의 악담을 들으면서도 안색이 전혀 변하지 않았다. 집을 나오면서 사리불은 오히려 모친에게 공손히 인사까지 하였다. 그런데 이 일행 가운데 사리불의 제자인 라후라도 함께 있었다. 라후라가 사찰로 돌아와 탁발해 온 공양을 부처님께 올렸다. 부처님께서 라후라에게 "어디서 탁발해 온 것이냐?"라고 물었다.

"부처님, 이 음식은 저희 할머니(라후라는 사리불의 제자이므로) 집에서 받아온 겁니다."

"그래, 할머니가 네 스승을 어떻게 대하더냐?"

"할머니는 제 스승님에게 마구 욕설을 퍼부었습니다."

"그때 너의 스승은 뭐라고 대답하더냐?"

"사리불 존자님은 할머니에게 아무 말도 하지 않았습니다."

그 옆에 함께 있던 비구들이 이구동성으로 사리불의 인욕 정신을 칭찬했다. 부처님께서 사리불을 칭찬하며 하신 말씀이 원고 서두의 게송이다.

불교에서 인욕은 마음을 수행하는 방법 가운데 가장 강조되는 항목이다. 수년 전 어느 출판사로부터 불경의 내용을 주제별로 선별해 출판할 것을 의뢰받은 적이 있다. 당시 수여 달을 고생해서 원고를 준비했는데, 이때 느낀 것이 하나 있다. 부처님께서 승려나 일반 사람들에게 가장 강조한 덕목은 인욕이라는 것이다. 어느 경전이든 인욕을 강조하며 '어떤 사람이 육체적으로 폭력을 가할지라도 그를 향해 원망하지 말고, 자신이 참고 있다는 생각조차 없이 참아야 한다'라고 한다. 그런데 어찌 이런 일이 쉬운가?

우리가 살고 있는 이 세계를 불교에서 '사바세계'라고 하는데, 이를 한자어로 말하면 '감인(堪忍)세계'가 된다. 참고 견디면서 살아야 하는 세상이라는 뜻이다. 사군자(梅·蘭·菊·竹) 가운데 매화가 사람들로부터 가장 사랑받는데, 추위(아픔과 고통)를 묵묵히 견딘 뒤에 제일 먼저 봄을 알리며 꽃을 피우기 때문이다. 하루를 참아서 몇 달을 벌고, 며칠을 참아서 몇 년을 번다는 말이 있다. 잠깐의 인내가 먼 미래에 행복을 불러들인다는 뜻이다.

가족, 부부, 회사 동료 등 어느 구성원 사이에서든 자신이 더 참아야 할 때가 많을 것이다. 그런데 가만히 생각해 보라. 상대방도 그대의 행동을 참을 때가 많았을 것이라는 점을 놓치지 말아야 한다. 이렇게 생각하면서 견뎌 보자. 인욕하는 그대의 진심을 알아주는 세상이 반드시 올 것이다.

번뇌가 없으면
화도 사라진다

"진심(瞋心, 화)을 잘 다스리지 못하면,
수행해도 아무 이익이 없다.
반대로 남에게 폭력을 휘두르는 사람은
고통 속에서 살게 된다."

〈참 수행자 이야기〉 389

사는 일은 결코 호락호락하지 않다. 늘 즐거운 일만 있을 것
같지만, 인생에는 즐거움보다 힘들고 고된 일이 더 많다. 소설
가 박완서는 "인생은 견디면서 사는 것"이라고 하였다.

사실 삶의 어려움 가운데 가장 큰 부분을 차지하는 것이 사
람과 사람과의 관계이다. 사람과의 관계에서 좋은 인연(善緣)보
다는 악연이 더 많은 것이 사실이다.

인도 중부 어느 도시에 사람들이 앉아서 대화를 나누었다. 부처님 제자 가운데 누가 훌륭하느냐를 두고 사람들마다 의견이 달랐다. 그런데 어느 누군가 "사리불 존자의 자비심과 덕행이 훌륭하다"라고 칭찬하였다. 그러자 여러 사람들 중 한 사람이 사리불 스님에 대해 부정적인 의견을 내놓았다.

"사리불 스님이 아무리 자비롭고 훌륭한 분이더라도 그도 사람인데 어찌 화를 내지 않겠습니까? 그대들이 자꾸 사리불 스님이 화를 내지 않는다고 칭찬하는데 나는 그렇게 생각하지 않습니다. 그러면 우리가 사리불 스님이 진짜 화를 내는지 안 내는지 한번 실험해 봅시다."

이렇게 사람들이 대화를 하고 있는데, 마침 사리불 존자가 탁발하기 위해 그들 앞을 지나쳤다. 내기를 하자고 했던 남자가 스님에게 달려가 사정없이 사리불 존자의 등짝을 후려쳤다. 스님은 뒤를 돌아본 뒤에 아무렇지도 않은 듯 태연스럽게 걸어갔다. 사리불의 이 모습을 본 남자는 자신의 행동을 뉘우치고, 존자에게 달려가 용서를 빌며 말했다.

"사리불 존자님, 저를 용서해 주십시오!"

사리불은 이 사람이 왜 갑자기 자신에게 달려와 이러는지를 몰라 물었다.

"제게 무슨 잘못이라도 했습니까?"

　　　　　　　　　　　　　　　법구경 마음공부

"스님께서 얼마나 인욕을 잘 하는지 실험해 보기 위해 제가 등을 쳤습니다."

"아! 아까 나를 친 거요. 괜찮습니다."

남자와 사리불 존자가 대화를 마치고 헤어지려는 순간, 수많은 사람이 그 남자의 무례한 행동을 꾸짖기 위해 그 남자를 에워쌌다. 이때 군중 속에서 한 사람이 외쳤다.

"저 사람은 아무런 이유도 없이 사리불 존자를 폭행했습니다. 저 사람을 그냥 놔두어서는 안됩니다."

사람들은 돌과 몽둥이를 손에 들었고, 곧 그 사람을 폭행할 기세였다. 존자는 사태를 파악하고 그 사람에게 자신의 발우(공양 그릇)를 들고 있으라고 하였다. 고대 인도에서는 스님의 발우를 들고 있는 사람을 때리지 못하는 관습이 있었다. 이때 사리불 존자가 말했다.

"내가 당신들에게 물어보겠소. 저 사람은 나를 때린 것이지, 그대들을 때린 것이 아닙니다. 나는 그를 용서했소. 그뿐입니다. 그러니 그대들은 여기서 흩어졌으면 합니다."

사람들은 사리불 존자에게 존경을 표하고, 각각 흩어졌다. 이런 일이 있었다는 것을 알고, 부처님께서 사람들에게 말씀하셨다.

"가장 위대하고 용감한 것은 인욕이다. 사리불 존자는 수행의 높은 경지에 올라서 마음속에 화나는 마음(번뇌)이 완전히 소멸되었기 때문에 화를 내지 않는 것이다."

더 멀리 나아가게 하는 인욕의 자세

《금강경》에도 인욕이 강조되어 있다. 부처님이 과거세(過去世) 인욕선인(忍辱仙人)으로 수행할 때이다. 당시 왕이었던 가리왕이 궁녀들과 소풍을 나왔다. 왕이 잠깐 낮잠을 자는 사이에 궁녀들이 성자(인욕성인) 곁에서 법문을 들었다. 가리왕이 깨어나 보니 저 멀리서 궁녀들이 한 성자를 둘러싸 법문을 듣고 있었다.

가리왕은 성자에게 다가가 "누구냐?"라고 물었다. 성자가 자신은 "인욕선인"이라고 하자, 가리왕은 "얼마나 잘 참는지 보자"며 칼로 신체를 마디마디 잘랐다. 이때 성자는 그런 일을 당하면서도 상대를 원망하는 마음이 없었다. 인욕선인은 '나의 신체', '나의 몸'이라는 상(相, 집착이나 관념)이 없었고, 상대방에 대한 원망이나 원한이 없는 무주심(無住心)으로 욕됨을 참았다는 의미이다. 바로 이런 인욕을 무주상인욕(無住相忍辱)이라고 할 수 있다.

인욕이란 참을 수 없을 정도의 욕됨을 참는다는 것이다. 《화엄경》에 '일념진심기 백만장문개(一念瞋心起百萬障門開)'라고 하였다. 한번 화를 내면 하는 일마다 되는 일이 없다는 뜻이다. 어느 강사 스님이 제자들이 종종 다툰다고 하면서 내게 이렇게 말했다.

"두 사람 나름대로 사정이 있기에 '네가 조금 참아, 조금만 참으면 다 지나가게 돼'라고 말할 수밖에 없어요. (…) 한 순간만 넘기면 풍파가 가라앉고 한 걸음 물러서서 보면 천지가 더 넓어집니다. 그래서 다투거나 따지는 것보다 인욕이 가장 좋은 방법입니다."

서두에서 말했듯 인생에는 고통스러운 일이 많다. 직장에서나 가정에서 인간관계가 어찌 내 맘대로 되겠는가? 참고 견디는 시간도 필요하다. 나만 참는 게 아니라 상대도 참고 있다.

폭력은 아무것도
해결하지 못한다

아무런 연고도 없는데, (상대방으로부터) 욕을 듣거나 매 맞을지라도
(상대에게) 화내지 않고 참는 사람!
그를 일러 '훌륭한 성자'라고 한다.

〈참 수행자 이야기〉 399

　부처님 재세시 다난자야니라는 여성 신도가 있었다. 그는
어떤 행동을 할 때마다 '나무불(南無佛)'이라고 염(念)하는 습관
이 있었다. 나무불이란 '거룩한 부처님께 귀의합니다'라는 뜻
이다.

　어느 날 다난자야니의 남편이 친구들을 집으로 초대했다.
그는 남편 친구들을 위해 음식을 준비하던 중 넘어졌는데, 그
순간 "나무불"이라고 외쳤다. 남편은 불같이 화를 내면서 이렇

게 욕을 퍼부었다.

"이 여편네가 시도 때도 없이 저런 소리를 외치는군. 네가 존경한다는 부처를 찾아가서 내가 욕을 퍼부어 줄 것이다!"

그는 남편의 욕설에 화를 내는 대신 "부처님께 가서 따질 거면 이왕이면 쓸모 있는 질문을 하나 준비해 가세요"라고 말했다. 다음 날 남편은 부처님 계신 곳으로 찾아가 인사도 하지 않고 잔뜩 화가 난 표정으로 부처님을 째려보았다. 부처님은 그의 무례한 행동에도 오히려 자비로운 모습으로 대하며 따뜻한 말로 위로했다. 남편은 자신도 모르는 사이에 적대감이 사라져 부처님께 감동을 받고 출가해 비구가 되었다.

수일 뒤 그의 동생이 형의 집에 왔다. 동생은 형이 출가한 것을 알고 불같이 화를 내며 부처님께 따지러 갔다. 동생은 부처님께 "우리 집안은 훌륭한 가문인데 어찌해서 형을 출가시켰느냐?"라며 세상의 욕이란 욕은 다하며 삿대질까지 하였다. 그러자 부처님께서 말씀하셨다.

"브라만이여, 혹 그대가 손님들에게 음식을 베풀었는데 손님들이 음식을 받지 않으면 그 음식은 누구의 것인가?"

"그야 당연히 내 것이지요."

"그대가 내게 욕설을 퍼붓고 난폭하게 화를 내고 있는데, 내가 그대의 욕과 화를 받지 않는다면 그대의 욕설은 바로 그대에게 돌아간다."

시동생은 부처님의 이런 말씀에 충격을 받고 감화를 받아 출가해 비구가 되었다.

복수가 부르는 더 큰 재앙

부처님 시대에는 이렇게 불교 교단이나 부처님을 해코지하는 이들이 더러 있었다. 부처님의 이런 사상은 훗날 비폭력 저항주의자를 탄생시킨다(당시 인도에 여러 교단이 있었는데, 부처님은 다른 교단에 위협받기도 해서 비슷한 상황이 많았다).

인도가 영국으로부터 식민 지배를 받을 때 이에 비폭력으로 맞섰던 사회 운동가가 있었다. 바로 마하트마 간디이다. 그는 총칼 앞에 총칼로 맞서지 않았던 굳건한 사회 운동가였다. 간디를 모델삼은 또 다른 사회운동가가 있다. 바로 미국 개신교 목사인 마틴 루터 킹이다. 백인들의 흑인 차별에 루터 킹은 비폭력으로 저항했다. 그런데 그와 비슷한 세대의 흑인 인권 운동가인 말콤 엑스는 백인들에게 폭력으로 맞섰다.

현 시대 관점으로 볼 때 권리와 인권을 주장하는 데 있어 폭력과 비폭력 가운데 어떤 것이 더 정의롭다고 단정하기는 어렵다. 민주주의는 인간이 흘린 피로 세워졌기 때문이다.

법구경 마음공부

다시 부처님의 이야기로 돌아가자. 앞의 내용에서 우리가 기억해야 하는 것은 부처님께서 상대의 폭력과 욕설에 절대 똑같은 방법으로 응징하지 않았다는 점이다. 이와 비슷한 사상이 《사십이장경》에도 있다.

> "어떤 사람이 무작정 그대에게 찾아와서 욕을 하거나 괴롭게 할지라도 절대 그에 맞서지 말라. 참고 마음을 가라앉혀 똑같이 화를 내거나 그를 꾸짖지 말라. 그대에게 욕설을 퍼붓고 미워하는 행동은 자기 스스로에게 욕설하고 미워하는 것이다."

어느 누구나 세상을 살면서 억울한 일을 겪는 등 힘든 일이 많다. 그중에서도 사람이 주는 고통이 가장 크다고 본다. 그러나 상대에게 똑같이 갚아 주려고 하다 보면 오히려 역풍을 맞을 수도 있다. 그러니 힘들더라도 잠깐만 기다려 보라. 화를 내고 미워하는 것은 결국 상대방의 인격 문제라고 생각하라. 그러면 조금이나마 위로받을 것이다.

남을 괴롭혀
무엇을 얻을 것인가

원망하지 말고 행복하게 살아가자.
많은 사람들이 원망을 품고 사는데, 그런 사람들 틈에 살면서도
원망하지 말고, 자유롭게 살아가자.

〈행복한 삶 이야기(安樂品)〉 197

앞 게송의 주제는 '행복한 삶'이다. '서로 원망하지 말고, 미워하지 않으며, 가능한 한 행복한 삶을 누리자'라는 메시지를 전한다. 그러나 이 세상은 어떤가? 곳곳마다 국가와 국가 간의 분쟁이 일어나고 있다.

부처님 재세시 인도는 여러 부족과 종족으로 나뉘어 있었고, 이들 사이에서 치열한 이권 다툼이 벌어졌다. 석가족과 콜리족은 로히니강을 사이에 두고 농사를 지으며 평화롭게 살았

다. 석가족은 부처님의 고향이었고, 콜리족은 부처님의 어머니(마야부인)와 야쇼다라 공주(석가모니 부처님 출가 이전 부인)의 고향이었으니 두 종족은 인척관계나 다름없었다.

그런데 어느 해 오랜 가뭄으로 로히니강의 물이 말라가자, 두 종족은 강물을 논으로 끌어 오는 문제를 두고 말다툼을 하기 시작했다. 처음에는 사소한 다툼이었으나 점차 종족 간의 큰 싸움으로 번졌다. 급기야 이들은 농기구를 들고 나와 서로를 위협하며 일촉즉발의 대치 상태에 놓였다.

부처님께서는 이 소식을 듣자마자 바로 그곳으로 달려가셨다. 마침 양쪽 모두 잔뜩 성이 나 서로를 죽이려는 상황이었다. 부처님께서 싸움판 중간으로 들어가 이렇게 말씀하셨다.

"지금 물로 인해 서로를 죽이려고 하는데, 물이 더 중요한가 사람이 더 중요한가? 서로 서로 손실을 보지 않으려고 감정을 드러내다가 결국 수백 수천 명이 죽는다면, 그 고통은 더 심각할 것이다."

부처님 말씀에 두 종족은 살상하려던 무기를 내려놓고 아무 말도 하지 못했다.

"물 때문에 사람을 살상한다는 것은 있을 수 없는 일이다. 손에 들고 있던 무기를 내려놓고 현재 화가 잔뜩 난 자신들의 마음상태를 들여다보아라. 이렇게 싸우다가는 양쪽 종족이 모두 죽어야 끝날 것이다. 삶에서 가장 소중한 것이 무엇이겠느냐?"

콜리족과 석가족 사람들은 부처님 말씀을 듣고 부끄러움을 느끼며 물러났다. 이렇듯 부처님이 계실 당시에도 이권을 위한 종족 간의 싸움이 잦았다. 사실 전쟁이나 분쟁은 '신의 이름으로', '신이 원해서' 등 종교의 이름을 빌어 일어난 것이 대다수이다. 인간은 선과 악을 구별하지 못하고, 자신이 편한 대로 악을 선으로 가장하며 살기 때문이다.

무엇이 더 소중한가?

수년 전 프랑스 파리에서 발생한 연쇄 테러로 130여 명이 희생되었다. 또한, 중동 가자 지구에서 이스라엘과 팔레스타인 간의 전쟁이 일어나 수백여 명의 사람이 죽어 가고 있다. 이처럼 오늘날에도 세계 곳곳에서 테러로 수천 명의 무고한 이들이 죽어가고 있다. 이와 관련해 《법구경》 제201번 게송에서는 다음과 같이 말하고 있다.

"승리는 원한을 가져오고, 패한 사람은 슬픔에 빠져 괴로워한다. 이기고 지는 일이 인생의 다반사임을 생각하고, 다투지 말고 행복하게 살자."

법구경 마음공부

원한을 원한으로 갚다 보니 결국 무고한 생명만 죽어 가고 있다. 역설적이게도, 지구상에 일어나는 테러의 배후에는 전반적으로 종교가 있다. 인간이 행복하기 위해 종교가 있는 것이고, 종교도 결국 인간이 만든 피조물(필자가 불교적 관점에서 본 주관적 견해)에 불과하다. 인간이 만든 종교에서 신이라는 명분을 내세워 인간의 생명을 빼앗고 있으니, 이는 무슨 논리인가?

　현 인도 지폐에 네 마리의 사자상이 새겨져 있다. 고대의 황제인 아쇼카왕을 상징한다. 그도 처음에는 전쟁을 벌인 정복 군주였다. 어느 날 칼링가라는 지역을 정복하고 돌아서던 그는 수많은 여인이 울부짖는 모습을 보았다. 이때 왕은 순간적으로 깨달은 것이다. '이렇게 전쟁으로 무고한 이들을 살상하는 것이 무슨 의미가 있겠는가?' 그 뒤로 인도 중부로 돌아온 왕은 불교에 귀의해 백성들에게 진리를 권장하고, 나라를 잘 다스려 지금까지 인도 역사를 빛낸 성군으로 알려져 있다.

　이 세상에 사람 목숨만큼 소중한 것이 어디 있겠는가? 자식을 죽이고, 부모를 죽이며, 건물을 파괴하는 등 상대방을 괴롭게 해서 무슨 이득을 얻을 것인가? 원망하지 말고 평화롭고 행복하게 살아가자.

제3장

"버려야
채워진다"

집착을 내려놓게 할 부처의 조언

욕심은 스스로
초래한 것이다

악업을 지은 뒤에
과보를 받고 눈물 흘리며 슬퍼했다면,
훌륭한 행동을 한 것이 아니다.
〈어리석음 경계 이야기〉 67

선업을 지은 뒤에
좋은 복(福)을 받고 매우 행복했다면,
매우 훌륭한 행동을 한 것이다.
〈어리석음 경계 이야기〉 68

앞에서 등장하는 과보란 자신의 탐욕에서 비롯된 과보를 말한다. 이러한 게송이 나오게 된 사연이 있다. 어느 날 도둑 떼가 부잣집의 황금꾸러미와 귀중품을 훔쳐 달아났다. 돈을 훔친 집으로부터 멀리 도망을 간 도둑들은 어느 밭에 모였다. 그리고 훔친 돈과 황금을 각자 똑같이 배분한 뒤 뿔뿔이 흩어졌다. 그런데 한 도둑이 실수로 황금꾸러미를 그 밭에 떨어뜨린 채 집으로 돌아갔다.

다음 날 아침, 간밤의 일을 전혀 알지 못했던 밭의 주인이 소를 끌고 나와 막 일을 하려던 참이었다. 그런데 마침 부처님과 제자들이 그 밭을 지나쳤다. 부처님께서 밭의 황금꾸러미를 보고 제자 아난에게 이렇게 말씀하셨다.

"아난아, 저기 독(毒)이 가득 찬 뱀이 있다. 저걸 보아라."

"네, 과연 그렇습니다. 독이 가득 찬 뱀이군요."

농부가 부처님과 아난 존자의 대화를 듣고 이상하게 생각한 순간, 밭 한가운데에서 독뱀이 아닌 황금꾸러미를 발견했다. 농부는 누가 볼 새라 황금꾸러미를 자기만 아는 곳에 몰래 감추었다.

부처님과 제자들은 밭을 지나쳐 사위성 안으로 들어갔다. 그런데 황금꾸러미를 잃어버린 도둑이 자신의 실수를 알아채고, 다시 이를 찾기 위해 밭으로 왔다. 농부를 발견한 도둑은 "황금꾸러미를 보지 않았느냐?"라며 그를 매질하기 시작했다. 농부가 황금 욕심에 실토하지 않자, 도둑은 그 농부를 왕에게 끌고가 고발했다. 왕은 그 돈의 출처도 묻지 않고 농부에게 사형을

법구경 마음공부

내렸다. 농부는 억울하다며 부처님을 증인으로 내세웠다.

　왕은 농부를 데리고 가서 부처님께 여쭈었다. 부처님은 그날 아침 농부가 자기 밭에서 황금꾸러미를 발견한 것이지 훔친 것이 아니라고 증언해 주었다. 결국 농부는 무죄로 풀려났고, 부처님은 그 농부에게 "남의 것을 탐욕으로 가지려고 하면, 반드시 그에 따른 응징의 업보를 받는다"라고 말씀하셨다.

　엄연히 따져 보자. 농부가 도둑에게 매를 맞고, 사형을 선고받는 고통을 당한 것이 타인 때문에 벌어진 일인가? 그의 탐욕이 고난을 초래한 셈이다. 《임제록(臨濟錄)》에 '금가루가 귀하긴 해도 눈에 들어가면 독이 되는 법'이라는 말이 있다. 아무리 좋은 황금도 자기 것이 아닌 것을 욕심낸다면, 부처님 말씀처럼 독뱀보다 더 해롭다. 이것이 바로 인과의 원리다.

한탕주의가 어리석은 이유

　복권에 당첨된 사람들이 오히려 당첨 이전보다 파탄에 빠지는 경우를 뉴스에서 종종 접한다. 당첨금을 흥청망청 쓰거나, 도박 자금으로 사용해 결국 패가망신하는 경우이다. 쉽게 얻은 것은 쉽게 빠져나가기 마련이다.

　'한탕주의' 또는 '한방에 얻는다'는 말이 있다. 넷플릭스 드라마 〈오징어 게임〉을 보면 이 단어들이 무엇을 의미하는지 잘 드러난다. 주인공 대부분이 불행에 빠진 상황에서 게임에 참여하는데, 이들 중에는 한탕주의자가 적지 않다. 한 번만 져도 죽는 상황임에도, 그 죽음까지 불사하며 돈을 추구한다. 한국 사회의 불평등이 주제라고는 하지만, 현대인들의 어리석음 또한 날카롭게 비판하는 작품이라고 본다.

《역경(易經)》에 '선행을 하는 집안은 수 세대에 걸쳐 복을 받는다(積善之家 必有餘慶)'라고 하였다. 이를 뒤집으면 '악행을 하는 집안은 당사자를 넘어 자손들에게도 과보가 미친다'가 된다. 콩 심은 데 콩 나고, 팥 심은 데 팥 난다. 악행으로 재산을 축적한 경우 당장은 호의호식하며 잘살겠지만, 결국 내 후손들이 업보를 지게 되어 있다.

한탕주의적인 성향을 버려야 하는 이유도 여기에 있다. 땀 흘려 얻은 금전이 아니면 다 독뱀이다. 진실하게 돈을 벌며 바르게 살려는 자세를 갖자. 마음 밭에 선의 씨앗을 뿌릴 것인가, 악의 씨앗을 뿌릴 것인가? 그 선택은 스스로 해야 한다.

단번에 얻고자 하면
단번에 잃는다

하늘에서 7보(七寶, 일곱 종류의 값비싼 보석)가 쏟아진다고 해도
사람의 욕심은 채워지지 않는다.
인생에 즐거움은 잠깐이요, 괴로움이 더 많은 법,
지혜로운 사람은 이러한 이치를 잘 안다.

〈부처님 이야기〉 186

　부처님이 사위성 기원정사에 계실 때의 일이다. 어느 젊은
비구가 열심히 수행하고 있었다. 그런데 부친이 갑자기 사망
하면서 아들 비구에게 얼마간의 유산을 남겼는데, 비구는 이
를 숙부에게 맡겼다. 어느 날 숙부가 비구에게 찾아와 "출가자
는 돈이 필요 없지 않냐, 내가 갖겠다"라고 하였다. 비구는 며
칠간 고민했다. '부친의 유산을 잘 활용해서 사회에 나가 살아

볼까?'라며 생각을 거듭했다. 이런 고민에 빠지자 비구 생활이 따분해졌다. 부처님께서 그 사실을 알고 비구를 불러 이런 말씀을 하셨다.

"인간이 세상을 사는 데 만족이란 없다. 황금이 산더미처럼 쏟아져도 만족하지 못하는 것이 중생이다. 그 불만족(탐욕)이 훗날 고통을 만들어 내는 근원이 될 수 있다."

인간의 욕심과 욕망은 하늘과 땅을 뒤덮을 정도로 채워도 채워지지 않는다. 삶이 고통스런 것은 바로 이 탐욕심 때문이다. 자신의 재산과 능력은 5(five) 정도인데, 바라고 욕심내는 기대치는 10(ten)까지 차 있다. 5와 10 사이의 갭(gap)이 바로 고통인 것이다. 알렉산더 대왕의 이야기를 예로 들어 보겠다.

마케도니아의 알렉산더는 천하를 정복할 당시 아테네에 이르렀다. 모든 사람이 알렉산더에게 무릎을 꿇었으나 철학자 디오게네스만이 오지 않았다. 알렉산더는 직접 그를 찾아갔다. 누더기 차림의 거지나 다름없는 행색의 철학자는 나무통 옆에 앉아 햇볕을 쬐고 있었다. 그 나무통은 그의 소유물 전부로, 어디를 가든 갖고 다녔다. 디오게네스가 먼저 물었다.

"폐하께서는 지금 무엇을 가장 바랍니까?"

"그리스를 정복하길 바라네."

"그리스를 정복한 뒤에는 또 무엇을 원하십니까?"

"아마도 소아시아 지역을 정복하길 바라겠지."

"그 다음은 또 무엇을 원하십니까?"

"아마도 온 세상을 모두 정복하길 바라네."

"그렇게 정복하고 난 뒤에 무엇을 하실 겁니까?"

"아마 그때쯤, 인생을 쉬면서 즐길 것이네."

이 글을 읽으면서 어떤 생각이 들었는가? 알렉산더는 천하를 다 정복한 뒤에 쉴 수 있었을까? 그렇게 하지 못했을 것이다. 하나의 욕망이 채워지면 또 다른 욕망을 꿈꾸기 마련이다.

탐욕을 경계해야 하는 이유

A라는 사람이 아파트를 5억에 분양받았다. 몇 년 뒤에 A는 그 아파트를 10억에 팔았다. 그런데 A가 집을 처분한 지 몇 년도 되지 않아 자신이 팔았던 아파트 가격(10억)이 폭등해 15억에 팔리고 있다는 소문을 들었다. A는 '그때 집을 팔지 않았어야 했는데, 괜히 팔았다'며 밤잠을 못 이루며 괴로워한다. 엄연히 따지면 A는 처음 분양받았을 때에 비하면 5억을 벌었는데 왜 손해를 봤다고 생각하는 것일까? 사람은 대체로 이익을 당연한 것으로 여기고, 손해 본 것만 기억하기 때문이다. A의 이야기는 우리 모두의 이야기다.

《채근담(菜根譚)》에서는 '탐욕이 많은 사람은 금을 나누어 주어도 옥(玉)을 얻지 못함을 한탄하고, 재상 자리를 주어도 제후가 못 됨을 불평·불만한다'라고 하였다. 인간의 욕심이 하늘을 찌른다는 말이다. 재물만이 아니라 명예나 이성을 향한 욕망도 마찬가지다. 남을 밟아서라도 회사의 중진급 자리에 오르려고 하고, 배우자가 있는데도 또 다른 이성을 찾는다. 또, 어떤 이는 높은 명예직에 올랐다고 주변 사람들을 함부로 대하는 경향이 있다. 인생이란 어느 구름에 비 내릴 줄 모르는 법이요, 어느 조개에 진주 있을지 모르는 법이다. 언제 어떤 인생으로 흘러갈지 모르는 게 인생이므로 함부로 행동해서는 안된다.

그런데 부처님께서는 많은 돈을 벌고 명예를 얻는 것이 나쁘니 다 버리고 살라고는 하지 않으셨다. 부처님께서는 초기 불교 경전인 《아함경(阿含經)》에서 '경제적으로 벌었으면 그 번 것에 4분의 1을 베풀라. 명예직에 있으면 비심(悲心, 상대를 연민히 여기는 마음)으로 중생을 보살펴라'라고 하셨다. 정당하게 돈을 벌고, 가능한 한 베풀 것을 말씀하신 것이다.

좋지 않은 방향으로 탐욕을 부리고 타인에게 피해를 주면서까지 욕심내는 것, 이것이 문제인 것이다. 이런 과욕은 자신 혼자만의 고통으로 끝나지 않는다. 배우자뿐만 아니라 자식들, 부모와 형제들에게도 영향을 미친다.

오만할수록 멀어지고
겸손할수록 가까워진다

열심히 수행 정진해야 할 때 노력하지 않고,
(자신의 위치만 믿고) 자만하는 이가 있다.
또 의지는 박약하고, 평소 생각은 헛된 망상으로 가득하다면
그는 해탈을 얻지 못할 것이다.

〈해탈로 가는 길 이야기〉 280

　서두의 게송은 부처님과 사촌인 비구에 관련한 이야기이다. 부처님께도 속 썩이는 제자들로 인해 힘든 일이 많았다. 띳사 비구는 부처님과는 고종 사촌 관계인 제자였는데 매우 늦은 나이에 출가했다. 그는 출가한 지 며칠 되지 않아 젊은 비구들에게 심부름을 시키며 자기에게 "인사하라"고 명령하는 등 어른 대접을 받으려고 하였다. 왕족 출신이었기에 아랫사람을

부리는 일에 너무 익숙해져 있었던 것이다. 오만함으로 가득 차 다른 비구들을 함부로 대하는 등 무례하기 짝이 없었다.

마침 유행하던 스님들이 띳사가 머물고 있는 사찰에 오게 되었다. 이럴 경우, 법납(출가 년수)의 상하를 떠나 밖에서 온 비구를 마중하는 것이 예의이다. 그런데 띳사는 사찰의 큰방 한 가운데 버티고 앉아 객스님들의 인사를 받았다. 비구들이 서로 통성명을 하던 중 한 스님이 띳사에게 "안거(安居, 결제)를 몇 번 보냈는가?" 하고 물었다. 툇사는 출가한 지 얼마 되지 않아 "한 번도 안거를 보낸 적이 없다"라고 답했다. 스님들의 안거 연수는 곧 출가한 햇수를 말한다. 객스님들은 '아무리 왕족 출신이지만 안거를 한 번도 보낸 적이 없는 초보자가 자신들에게 매우 오만하게 행동한다'라고 생각했다. 그중 한 스님이 다음과 같이 말했다.

"거만한 늙은 비구여, 그대는 이제 갓 출가했고 우리들은 선배인데 어찌 무례한 행동을 하십니까?"

띳사는 평생 그런 모욕적인 말을 들은 적이 없어 분노가 치밀었고, "내가 누구인지 모르고 건방을 떠느냐? 법납 제도를 없애야 한다"라며 응수했다. 띳사와 스님들 간의 말다툼이 결론 나지 않자, 띳사는 부처님께 가서 판가름하자고 하였다. 부처님께서 계신 곳에 도착하자마자, 띳사가 먼저 불만을 토로

법구경 마음공부

했다. 부처님께서 띳사의 말을 다 듣고 물으셨다.

"띳사여, 저 객스님들이 사찰에 들어왔을 때 너는 그들을 어떻게 맞이했느냐?"

"저는 큰 방 한가운데 앉아서 저들에게 인사를 받았습니다."

"그렇다면 저 스님들께 물 한잔이라도 올렸느냐?"

"그렇게 하지 않았습니다."

"저들에게 세면도구를 챙겨 주었느냐?"

"그렇게 하지 않았습니다."

"띳사여, 네가 먼저 저 스님들에게 인사를 올리고 공양 올리는 것이 당연한 일이다. 네가 큰방 한가운데 앉아서 스님들께 인사를 받는 것은 옳은 행동이 아니다. 저 스님들께 용서를 구하도록 하여라."

부처님께서 이렇게 타일렀는데도 띳사는 고집을 꺾지 않았다. 띳사의 문제점을 파악하고, 부처님께서 비구들에게 말씀하셨다.

"비구들이여, 띳사의 이런 행동은 비단 이번이 처음이 아니다. 과거 전생에서부터 익혀온 습(習)이다. 그러니 비구들이여, 저 띳사의 행동에 언짢아하거나 원망하지 말라. 늦게 출가한 사람이니 그대들이 애정을 갖고 그를 정성스럽게 보살펴 주도록 하여라."

지금 시대에 봐도 떳사 비구는 문제점이 많다. 앞의 떳사 비구와 반대되는 인물도 소개해 보겠다. 바로, 고려 시대 정각(靜覺, 1145~1229) 국사이다. 정각 국사는 천품이 영특하고, 내외전에 통달했으며, 승과에 합격한 수재였다. 당시 최충헌이 "정각 스님만한 승려가 없다"라며 그를 국사로 추천했는데, 정각은 수차례 사양했다. 그러다 국사에 잠깐 머물렀는데, 이마저도 스님은 "나는 초라한 집에 태어나 국가의 스승까지 되었으니, 분에 넘친 승은을 입었다. 어찌 계속 국사 자리에 머물러 있어야 하겠는가?"라며 국사 자리에서 내려왔다.

그 뒤로 스님은 왕사로 책봉되었다. 이 왕사도 수차례 사양했던 바였다. 선사는 자신의 호를 지겸(志謙)이라고 지었는데, 이는 '지극한 겸손'이라는 뜻이다. 정각 국사가 열반한 뒤 고려의 문신이었던 이규보가 지겸의 비문을 작성했는데, 비문에 다음 내용이 새겨져 있다.

"국사는 사람됨이 조금도 외면을 꾸미는 일이 없이 천성대로 이치대로 하였다. 비록 큰 사찰의 어른이었으나 공양 때가 되면 손수 발우를 들고 제일 먼저 나아가 대중과 똑같은 음식을 먹었다. (…) 살아서는 임금의 스승이 되고 죽어서도 나라의 스승인데, 귀감이 이제 없어졌으니 어디에서 가르침을 구할 것인가? (…) 오가는 자들이여, 말

법구경 마음공부

타고 가거든 말에서 내릴지어다. 혹 부처에게 절하지 않을지라도 오직 이 비에만은 반드시 인사 올릴지니라."

인간은 승려가 되어도 좋지 않은 습(번뇌)을 쉽게 버리기가 어렵고, 오만함 또한 커질 때가 있다. 그래서 승려들은 자신의 호에 '어리석음(愚)'이나 '어눌함(訥)' 등의 한자를 사용하기도 한다. 또 편지를 쓸 때도 '어리석은 승려', '크게 어리석은 사람'이라는 말로 자신을 지칭하기도 한다. 일종의 겸손이다.

'유위복'은 한순간이나
'무위복'은 영원하다

사람마다 인생에 추구하는 방법이 다르다.
한 길은 명리(名利)를 추구하는 길이요,
다른 한 길은 해탈을 추구하는 길이다.
두 가지 길의 차이를 분명하게 이해한 사람은
명예와 부귀를 탐하지 않고, 진리를 추구해 마음이 평온하다.
〈어리석음 경계 이야기〉 75

사람들은 살면서 명예와 재산을 얻는 것을 큰 행운이라고 여기고, 이를 얻었을 때 '성공한 인생'이라고 생각한다. 영혼을 끌어 모아 집을 사고, 영혼까지 팔아 명예를 추구한다. 꿀벌은 하루 종일 이 꽃 저 꽃을 돌아다니며 꿀을 채취한다. 그 꿀벌은 생의 모든 것을 걸고 꿀을 모으기 위해 수고하는데, 과연 누구를 위해 그런 고생을 하는 걸까? 우리 인생도 그런 것은 아닐까? 힘들게 쌓은 재산과 명예가 과연 누구를 위한 것일까? 이는 생명이 끝날 때까지 영원히 지속되는 과정일까?

끊임없이 비울수록 끊임없이 채워진다

남송시대 아범제라는 사람이 있었다. 당시 꽤 높은 관직에 있었던 인물이다. 이 아범제의 집 앞은 항상 그를 찾아오는 사람들로 문전성시를 이루었다. 이를 괴상하게 여긴 한 이웃이 물었다.

"선생의 집은 언제나 사람들로 붐빕니다. 도대체 얼마나 많은 친구를 두셨기에 매일 집에 손님들이 그렇게 찾아오는 겁니까?"

"내게 찾아오는 벗이요? 얼마 있다가 내가 관직을 잃고 나면, 그때 나의 벗이 몇 명인지 알려 주겠습니다."

아범제는 자신의 관직이 뜬구름 같은 것임을 철저히 파악하고 있다. 아범제의 답변에는 많은 뜻이 담겨 있다. 관직에 관심이 없거나 이익을 바라지 않는 사람이라면 과연 아범제의 집을 드나들었을까? 또한 아범제가 한 푼도 없는 알거지였다면 그의 주변에 사람들이 모여들었을까? 관직을 갖고 있었기에 주위에서 굽신거리는 법이다.

수년 전 어떤 위치(?)에 올랐던 경험이 있다. 평소보다 전화도 자주 오고, 집무실에 찾아오는 이들도 많았다. 당시에는 나라는 사람을 보고 찾아오는 줄 알았다. 그런데 그 지위를 내려놓고 다시 학자로 돌아오니 나를 찾는 이들이 없었다. 지위를 자신의 정체성으로 착각한다면 그 지위를 잃었을 때 남는 것은 공허함뿐이다.

인간의 5욕 가운데 가장 끊기 어려운 것이 명예욕이라고 한다. 대체로 명예욕은 자기 스스로 내려놓지 못한다. 누군가로부터 끌어내려져 억지로 내려놓게 되는 경우가 대부분이다. 승려들도 가장 경계해야 할 것이 명예욕이다. 《사십이장경》에도 다음과 같이 명예욕을 경계하는 내용이 있다.

"사람들은 남들보다 위에 군림하려는 이기심으로 명예를 추구한다. 세상의 명예를 탐하고 도(道)를 배우지 아니하면 헛되이 공을 들여 몸만 피로하게 만든다. 마치 향을 사를 때, 사람들이 향냄새를 맡지만 그 향은 재가 되어버리는 것과 같다. (이런 것처럼) 그 몸을 태워 버릴 위험한 불이 도사리고 있다."

'화무십일홍(花無十日紅) 권불십년(權不十年)'이라는 말이 있다.

법구경 마음공부

꽃은 열흘을 버틸 수 없고 권세는 10년을 가지 못한다는 뜻이다. 꽃이든 수백억의 재산이든 자취도 없이 바람처럼 사라질 무상한 존재들이다. 명예나 어떤 관직 또한 유위적(有爲的)인 것들이다. 영원한 복이 아니라는 뜻이다. 부처님의 "일체의 모든 것이 영원하지 않고, 아무리 부귀한 것도 언젠가는 가난해질 수 있다"라는 말씀에 하나도 틀린 것이 없다. 그래서 《금강경》에서는 '이 세상 모든 만물이 꿈·환상·물거품·그림자·이슬·번갯불과 같으니, 이와 같이만 관할지니라'라고 하셨다.

원고 서두의 게송은 어린 아이가 동자로 출가해 최고의 성자가 된 사미를 칭찬한 내용이다. 부처님 재세시에는 어린 동자들이 7세에 출가해 수행의 최고 경지에 오른 경우도 많았다. 지금도 미얀마·티베트·태국에서는 어린 아이들이 출가한다. 미얀마의 경우는 아이들이 일반 학교를 거치지 않고 5~6세에 출가해 불교를 공부하면서 성인이 되는 경우도 있다.

다시 앞의 게송으로 돌아와 보겠다. 여기서는 인생의 가치를 추구하기 위한 두 가지를 말하고 있다. 전자는 명리(名利)를 추구하는 길이요, 후자는 해탈(성불)을 추구하는 길이다. 전자의 복덕은 명리 추구를 통해 명예와 재산 등 부귀영화를 얻음이요, 후자의 복덕은 진리 추구를 통해 얻는 참된 복덕을 말한다(복덕보다는 공덕).

《금강경》으로 말하면, 전자는 유위복(有爲福)이요, 후자는 무위복(無爲福)이다. 유위복은 인간이 누릴 수 있는 명예와 풍부한 경제를 뜻하는 것으로 천상세계의 복이라고 할 수 있다. 무위복은 진리를 수지(受持)하고, (경전을) 독송하며, 진리를 전하고, 사경(寫經) 등 정진을 통해 지혜를 성취하는 것을 말한다. 최상의 해탈을 얻은 지극한 복(至福, 지복)이다. 이래서《금강경》제11품 제목이 무위복승분(無爲福勝分)이다(무위복이 최고).

앞의 내용을 일반적인 이야기로 말하면, '살찐 돼지보다는 배고픈 소크라테스가 낫다'라는 표현에 비유할 수 있다. 살찐 돼지란 정신적인 부분은 부족해도 삶에서 원하는 명리가 채워짐을 말함이요, 배고픈 소크라테스란 정신적인 충만은 채워졌지만 부수적인 것들이 부족한 상태라고 할 수 있다.

그런데 한 가지 염두에 둘 점은 불교에서 명예도 재산도 모두 버리고, 알거지로 살기를 주장하는 것은 아니라는 점이다. 홍복(鴻福)을 누리며 살되, 베풀 줄 알고, 선업(善業, 보살행)을 실천하며, 진리를 추구하는 진지함을 갖추기를 강조하는 것이다. 불교 진리 차원을 떠나 이렇게 말하고 싶다. 무위복과 유위복을 절충하는 방법을 추구하며 사는 것이 어떨까?

어떻게
쓸 것인가

(진리를 모르는) 어리석은 자에게
재물은 파멸로 인도한다.
재물에 욕심이 많으면,
자신뿐만 아니라 가족까지 파멸로 몰고 간다.

〈탐욕 이야기〉 355

    부처님 재세시에 사위성의 최고 갑부가 죽었다. 갑부에게는 유산을 상속할 자손이 없어 모든 재산이 사위성의 파사익왕에게 돌아갔다. 재산이 얼마나 많았는지, 7일 동안 수레로 날랐을 정도였다. 파사익왕이 부처님께 말했다.

    "부처님, 그 사람은 최대 갑부인데도 친척들과 하인들에게 조금도 베풀지 않았고, 자신도 겨우 쌀죽으로 연명했으며, 남들이 내다 버린 옷을 입고 살았다고 합니다. 또 재산이 많은데도 성자들께 공양을 올리거나 보시를 하지 않았다고 합니다."

부처님께서 왕의 말을 듣고 이렇게 말씀하셨다.

"그렇습니다. 재산을 바르게 사용할 줄도 모르고, 행복(해탈·열반)에 이르는 공부도 하지 않고, 재물에만 욕심을 내다 죽은 겁니다. 바로 이런 것이 어리석은 사람입니다."

《법구경》 제62번 게송도 앞의 이야기와 유사하다. 사위성에 황금 80만 냥을 갖고 있던 갑부 재정관이 아주 가난하게 살다 죽었다. '수중에 들어온 돈은 절대 남에게 주지 않는다'라는 신념을 갖고 살았다고 한다. 그는 다섯 개 창고에 가득히 채운 황금을 자식들에게 자랑한 뒤, 그 다음 날 죽었다. 다음 생에 천민으로 태어난 그는 밥을 빌러 다니는 거지가 되었다. 그러다 과거세 자기 집 앞에서 구걸했고, 내내 그 집을 맴돌며 떠나지 않았다.

재물을 활용하는 최선의 방법

앞 내용은 재물에 욕심을 부리고, 주변인들에게 베풀지 않는 사람을 향한 경고라고 본다. 옛말에 '천하의 갑부가 굶어 죽는다'라는 말이 있는데, 아마도 그런 어리석은 자들이 많았던 것 같다.

이와 정반대의 인물이 있다. 조선 최고의 거상(巨商)인 임상옥이다. 그는 10대 후반부터 장사를 시작해 조선 최고의 갑부가 되었다. 비록 장사꾼이었지만, '작은 장사는 이문(利文)을 남기기 위해서지만, 큰 장사는 결국 사람을 남기기 위해서 하는 일이다'라는 자신만의 철학을 갖고 있었다. 그는 어려서 사찰에서 살아 짧게나마 승려 생활도 했던 인물이다. 말년에 임상옥은 자신에게 빚진 이들을 모두 오라고 해서 빚을 탕감해 주었다. 주변에서 "왜 그렇게까지 하느냐?"라고 물으니, 그가 이렇게 답했다.

"나는 그들이 없었다면 장사꾼으로서 성공할 수 없었을 겁니다. 애초부터 내 것이 아닌 물건을 그들에게 돌려주는 것에 불과합니다."

'내 것이 아닌 것을 돌려준다는 것', 의미심장한 말이다. 또 이런 사고를 가진 배우가 있다. 홍콩 배우 주윤발이다. 그는 '돈은 내 것이 아니며, 행복의 원천이 아니다. 내 꿈은 행복하고 평범한 사람이 되는 것이다'라는 사상을 가진 것으로 유명하다. 주윤발은 평소에도 자주 방문하는 시장에서 가정이 어렵거나 건강이 좋지 않은 상인들을 만나면 늘 살뜰히 챙긴다고 한다. 그리고 최근 8,100억이라는 거액을 기부하면서 이런 말을 남겼다.

> "매일 세 끼 식사와 잘 수 있는 침대 하나면 충분합니다. 이 돈은 내 것이 아니고 그저 내가 잠시 보관하고 있을 뿐이니, 이 돈이 꼭 필요한 사람들에게 전해지면 좋겠습니다."

그러나 이렇게 살기가 말만큼 쉬울 리가 없다. 부모 사후에 유산 문제로 자식들끼리 아귀다툼을 하는 경우를 어렵지 않게 본다(이 경우 자식도 문제지만 부모도 현명하지 못했다). 결국 법정까지 가서 2차 전쟁을 치르기도 한다. 결국 재물이란 모으는 것이 중요한 것이 아니라 어떻게 지혜롭게 쓰는가에 달려 있다. 불교는 바로 이런 사상을 강조한다.

그러면 재물을 어떻게 지혜롭게 활용해야 하는가? 노블레스 오블리주(noblesse oblige)! 부자로서의 의무를 행할 때, 그와 그의 가문이 빛나지 않을까? 불교에서는 남에게 '베푸는 것(보시)'이 불자로서의 실천 항목 가운데 첫 번째이다.

먹고 살기 팍팍한 세상에서 베풀고 살라는 말이 현실과 동떨어진 말처럼 들릴 수도 있다. 모든 것을 남에게 베풀라는 말이 아니다. 주변인들에 공감하는 따스한 마음(비심)만 있어도 보시하는 일이라고 생각한다. 인도 마하트마 간디 이야기를 하며, 이 글을 마치겠다.

간디가 여행할 때의 일이다. 그가 기차에 올랐을 때, 급히 타면서 신발 한 짝이 플랫폼으로 떨어졌다. 그런데 이미 기차는 서서히 출발하기 시작했다. 간디는 지체 없이 나머지 신발 한 짝을 벗어 먼저 신발이 떨어졌던 곳으로 던졌다. 주위 사람들이 놀라 "달려가서 주울 수도 있는데 왜 그랬냐?"라고 묻자, 간디는 태연하게 대답했다.

"신발 각각의 한 짝들은 쓸모가 없지 않습니까? 누군가 신발 한 짝을 주우면 쓸모가 없을 겁니다. 그런데 두 짝을 주우면 쓸모가 있지 않습니까? 가난한 사람이 줍는다면 더욱 뜻깊은 일이지요."

무엇을 가장
귀하게 여길 것인가

모든 것은 마음에 근거하고, 마음을 근본으로 하며,
마음에 의해 모든 것이 만들어진다.
마음속으로 나쁜 생각을 하면, 말과 행동까지 거칠게 된다.
마치 수레를 따르는 수레바퀴처럼, 당연히 죄업이 따른다.

〈대구 이야기〉 1

불교 이론에서는 마음을 강조하고, 그 마음 닦는 법들이 다
양하게 있다. 앞의 게송 내용은 마음으로 나쁜 생각을 하면,
말이나 행동도 나쁜 쪽으로 하게 된다는 것을 말하고 있다. 그
래서 늘 좋은 생각을 유지하는 것이 중요함을 역설한다. 《법구
경》에 앞의 게송과 비슷한 내용이 더 있다.

법구경 마음공부

"모든 것은 마음에 근거하고, 마음을 근본으로 하며,

마음에 의해 모든 것이 만들어진다.

마음속으로 좋은 생각을 하면,

좋은 말을 하게 되고, 착한 행동을 하게 된다.

당연히 행복한 일만 생긴다.

마치 형상을 따르는 그림자처럼. "

《법구경》〈대구 이야기〉 2

이러한 마음공부에 대해 잘 표현한 내용이 있다. 네 명의 아내를 둔 장자 이야기다.

어느 도성에 네 명의 아내를 둔 장자가 살고 있었다. 첫째 아내는 남편이 가장 사랑하는 사람이다. 남편이 가장 사랑하는 아내로, 앉거나 서거나 일하고 있을 때나 쉬고 있을 때도 잠시도 떨어져 있지 않을 만큼 사랑하는 아내이다. 매일 목욕을 시켜 주고, 머리를 빗겨 주고, 추우면 옷을 입혀 주고, 먹고 싶은 것이 있으면 다 먹여 주었다. 또 가고 싶은 곳이 있다고 하면 어디든지 데려갈 만큼 소중히 아끼는 아내이다.

둘째 아내는 사람들과 다투는 등 대단히 애를 써서 얻은 아내이다. 늘 곁에 두고 다정하게 대화를 나누는 사이지만, 첫째 아내만큼 사랑하지는 않는다.

셋째 아내는 가끔 만나서 그간의 사정을 이야기하는 정도이다. 떨어져 있으면 서로 보고 싶어 하지만, 함께 있으면 늘 싸우고 금방 싫증이 나는 아내이다.

넷째 아내는 거의 하녀와 다름없다. 집안의 모든 어려운 일을 도맡아 하는데도 남편으로부터 사랑 한번 제대로 받은 적이 없고, 따뜻한 말 한마디 듣지 못하는 아내이다. 그런데도 남편의 뜻을 거스른 적이 한 번도 없었다.

어느 날 장자가 먼 외국으로 떠나게 되어 가장 사랑하는 첫째 아내에게 함께 가자고 했더니 "왜 내가 당신과 함께 가느냐?"라며 냉정하게 거절했다. 둘째 아내에게 "나는 당신을 얻기 위해 남들과 싸움까지 해서 데려왔으니 함께 갑시다"라고 하자 그 역시 "당신이 억지로 나를 데려오고 싶어 했지, 내가 오고 싶어서 왔느냐?"라며 동행을 거절했다. 셋째 아내 역시 "당신과 그동안 쌓은 정이 있으니 동구 밖까지만 함께 가주겠다"라며 먼 외국까지 동행하는 것은 정중히 거절했다. 할수 없이 장자는 넷째 아내에게 함께 가자고 했다. 넷째 아내는 "'당신과 평생 함께하기로 맹세했으니 어디를 가든 함께하겠다'라고 답했다. 결국 장자는 평생 관심도 주지 않고 돌보지도 않았던 넷째 아내만을 데리고 먼 외국으로 떠난다.

한 남자가 어찌 네 명의 부인을 두었냐고 생각할 수 있다. 부처님께서 탄생한 나라 인도는 남자의 경제적 부를 평가할 때 아내를 몇 명 두었는지도 기준으로 삼는다. 물론 합법적인 것은 아니지만, 변방 어느 지역에서는 여러 명의 부인을 두는 이들도 있다. 티베트 종족인 라다크는 몇십 년 전만 해도 남자 형제 여럿이 여자 한 명과 결혼하였다. 현 시대 관점에서 보면 옳지 않지만, 그 나라만의 문화가 담긴 것임을 염두에 두자.

앞의 네 명의 아내 이야기는 비유담이다. 도성은 우리가 살고 있는 세상이고, 외국은 죽음의 세계를 말한다. 가장 사랑했던 첫째 부인은 인간의 육체, 둘째 부인은 재산과 재물, 셋째 부인은 형제이거나 친구나 배우자, 부모 등이며, 마지막 넷째 부인은 인간의 마음을 말한다.

가장 중요하지만 가장 홀대받는 것

우리는 평생 육신에 엄청난 돈을 투자하지만, 육체는 숨이 끊어지는 순간부터 썩기 시작한다. 또 아무리 수십억 재산을 갖고 있다고 한들 다 놓고 이승을 떠나야 한다. 또 평생을 사랑하고 아꼈던 가족, 친척, 친구들은 처음에는 그대의 죽음에 애달파하겠지만, 시간이 지나면 잊어버릴 것이다. 나를 구성하는 물건과 사람들은 결국 영원히 함께하지 못한다는 뜻이다. 그런데 세상을 떠날 때 유일하게 함께하는 '마음'은 평생 살면서 가장 소홀히 다룬다.

마음을 살찌우는 것에 대해서는 모든 사람들마다 다르게 생각할 것이다. 불교에서는 이 마음공부가 어떠하느냐에 따라 업이 형성되고 저장되어 다음 생으로 연결된다(업이 어떠했느냐에 따라 다음 생이 결정되기 때문이다). 그 마음공부가 잘 되었다면 해탈로 연결된다.

현대인의 삶에서 마음은 행복과 연결된다. 물질적인 것이든 명예이든, 헛된 욕심을 내려놓고 바른 가치관으로 살고자 하는 참된 마음을 갖자. 이것이 앞의 네 명의 아내 이야기가 전하고자 하는 인생 조언이 아닐까?

정신적인 유산을
남겨라

허술하게 이은 지붕에 비(雨)가 새는 것처럼
마음을 살피지 않으면,
마음에 탐욕이 스며든다.
〈대구 이야기〉 13

　부처님의 설법이 고스란히 담겨 있는《법구경》과《숫타니파타》에 가장 많이 나오는 단어는 '탐욕'이다. 불교는 탐욕, 성냄, 어리석음 등 3독을 제거하고 해탈하는 것이 주된 사상이라 해도 과언이 아니다. 탐욕에 물들지 않도록 마음 단속을 잘하라는 부처님의 말씀이 경전 곳곳에 담겨 있다. 여기서 석가모니 부처님의 친아들 이야기를 하려고 한다.

　부처님께서 카필라국의 싯달타 왕자이던 시절, 야소다라와 결혼했지만 출가 의지를 버리지 못했다. 그러다 싯달타가 29세 때 아들 라후라가 태어났다. 왕궁을 떠날 채비를 하던 싯달타는 아들이 태어났다는 말을 듣고 자신도 모르게 "장애(라후라)가 생겼구나!"라고 탄식하였다. 여기서 유래되어 '라후라'라고 불렀다.

　며칠 뒤 궁궐에 행사가 있었다. 행사가 끝난 날 밤에 싯달타는 궁중 여인들이 널브러져 자는 모습을 보고 혐오스러움을 느꼈다. 낮에는 그렇게 아름답게 치장하던 여인들이 속내를 드러내 놓고 잠든 모습을 보면서 욕망의 부질없음을 새삼 깨달았다. 이날 싯달타는 궁을 떠나기로 했다. 야쇼다라가 아들을 안고 잠든 모습을 보고 자신도 한번 안아 보려다 그만두었다. 혹 야쇼다라가 깨면 일에 차질이 생길까 봐 방에서 조용히 나와 곧장 말을 타고 궁궐을 떠났다.

　이렇게 출가한 부처님께서는 보리수 아래서 6년간 고행한 뒤 깨달은 성자가 되었다. 이 소문은 카필라국에도 퍼졌고, 당시 왕국을 다스리던 정반왕의 '고향을 한번 방문해 달라'라는 요청에 부처님께서는 카필라성을 떠난 지 7년 만에 되돌아갔다. 부처님께서는 고향에 와서도 밖으로 나가 탁발하였고, 공양을 마치면 사람들에게 진리를 설했다. 카필라성에 온 지 7일째 되는 날, 그날도 부처님께서는 공양을 마치고 대중들에게 법을 설하고 있었다. 그런데 이때 먼 발치에 서 있던 야소다라가 아들 라후라에게 이렇게 말했다.

"저기 법을 설하고 있는 성자가 너의 아버지다. 그분께 가서 '아들인 저에게 보배 유산을 주십시오'라고 하여라."

라후라가 부처님께 인사를 하자, 부처님은 10대 제자(열 분의 뛰어난 제자들) 중에서도 지혜가 뛰어났던 사리불을 불러 "라후라를 교육시켜라"라고 하셨다. 이렇게 라후라는 7세에 출가해 불교 교단의 최초 사미(20세 이전 출가자)가 되었다. 그런데 여기서 한 가지 생각해 보자. 내용 가운데 보배 유산이 등장한다. 부처님께서는 출가자인데 아들에게 줄 유산이 어디 있었을까? 그렇다. 여기서 말하는 유산은 물질적인 유산이 아니라 바로 정신적 유산을 말한다.

자녀에게 무엇을 남길 것인가?

사찰에서 강의나 법문을 할 때 중장년층의 불자들을 자주 만난다. 특히《금강경》을 강의할 때는 이런 정신적인 유산을 강조하게 된다. 강의 도중 이런 비슷한 이야기를 하면서 종종 불자들에게 이런 질문을 한다. "자녀분들에게 무엇을 남겨 줄 것이냐?" 여러 답변들이 나오는데, 부처님처럼 정신적인 유산에 관한 답은 거의 나오지 않는다. 이럴 때마다 질문 사항을 정리하면서 꼭 이 말을 한다. "돈이나 건물 등 재물은 언제고 사라질 것들이요, 참 유산이라고 생각하지 않습니다. 자녀들에게 부모가 행복하게 사는 모습을 보여 주는 것, 종교 생활을 통해 반듯하게 사는 모습을 보여 주는 것도 참 유산이라고 생각합니다." 부모의 행복하고 바른 모습을 모델로 삼아 그 자식도 행복하게 인생을 살게 된다고 생각하기 때문이다.

거울에 육신 대신 마음을 비춰 보라

라후라는 출가한 뒤 자랑스러운 아들이 아니라 골치 아픈 제자로 전락했다. 그 시절이나 지금이나 7세면 장난감을 갖고 놀며 부모에게 재롱 피울 나이가 아닌가? 라후라는 어린 나이에 출가한 탓인지 사찰에서의 생활이 지루하고 재미없었다. 주위는 온통 어른들 뿐인데다가, 어린 라후라에게 수행자라는 이름으로 명상과 계를 강요하니 얼마나 힘들었을까?

어린 라후라는 거짓말로 어른들을 골탕 먹이는 일에 재미를 들였다. 어느 제자가 와서 "부처님이 어디 계시냐?"라고 물으면 부처님께서 동쪽에 계신데도 "서쪽에 계신다"라고 거짓말하였고, 부처님이 북쪽에 계시면 "남쪽에 계신다"라고 거짓말하였다.

어느 날 부처님께서 탁발을 다녀오자, 라후라는 평소대로 대야에 물을 떠와 발을 씻겨 드렸다.[1] 라후라가 부처님 발을 다 씻겨 드리자, 부처님은 대야의 물을 조금 쏟아 버린 뒤 라후라에게 말했다.

"이 대야의 쏟고 남은 물을 보았느냐?"

"보았습니다, 세존이시여."

"이 물을 마실 수 있겠느냐?"

"마실 수 없습니다."

"네가 수행하지 않고 사람들을 속이는 것도 마실 수 없는 더러운 물과 같다. 이미 알고 있으면서 거짓말하고, 부끄러워하지 않으며, 반성하지 않는 것이다. 이런 행동을 하는 것은 출가자가 아니다."

부처님께서 대야의 물을 전부 쏟아 버리고 말씀하셨다.

"이 대야에 음식을 담을 수 있겠느냐?"

"담을 수 없습니다."

"이미 알고 있으면서 거짓말하고, 부끄러워하지도 않고, 반성하지 않는 너의 행동도 바로 음식을 담을 수 없는 대야와 같

---

1   사찰에 돌아와 발을 씻는 의식을 가리킨다. 탁발 공양을 할 때는 맨발로 다니기 때문이다. 지금도 미얀마·태국의 승려들은 탁발할 때 맨발로 다닌다.

다. 그런 거짓된 행동을 삼가야 한다. 사람들이 무엇 때문에 거울을 사용한다고 생각하느냐?"

"세존이시여, 얼굴이 깨끗한지 더러운지 보기 위함입니다."

"사람도 마찬가지이다. 더러운 물을 마실 수 없는 것처럼, 수행자는 어리석지 않도록 마음을 청정히 지켜야 한다. 너는 몸(身)과 입(口), 뜻(意)으로 짓는 모든 행 하나하나에서 현재의 자신을 면밀히 살펴보아야 한다."

《불유교경(佛遺教經)》에도 '목동이 소(牛)가 남의 곡식을 함부로 짓밟지 않도록 단속하는 것처럼, 수행자는 5근(눈·귀·코·혀·몸)이 탐욕에 빠지지 않도록 단속해야 한다'라고 하였다. 5근을 조종하는 것은 마음이니, 마음 단속을 잘해야 한다.

라후라 이야기를 보며 어린 아이에게 가혹한 것이 아닌가(?)라고 생각할지도 모르겠다. 그런데 수년 동안 사찰에서 중·고등학생 법회를 지도해 보며 느낀 점이 있다면, 어린 시절에 반듯하게 배우면 그 배움이 평생 인생을 바르게 살도록 인도해 준다는 것이다. 종종 중고등법회 출신 제자들을 만나면 나이 들어서도 사찰을 찾으며 열심히 살고 있는 모습을 본다. 필자의 행복한 순간이다.

지금, 바로, 여기에
행복이 있다

지혜로운 사람은 욕심을 버리고,

모든 것을 소유하려 하지 않는다.

지자(智者)는 어떤 번뇌에도 걸림이 없으며,

번뇌가 일어난 자리가 곧 지혜인 줄 안다.

〈지혜로운 사람 이야기(賢哲品)〉 88

이 게송은 중국에서 발달한 선사상[2] 측면에서 이해하면 쉬울 것 같다. 520년 수나라 때, 인도에서 달마(達磨, ?~?) 스님이 중국으로 건너왔다. 달마는 소림사 위에 위치한 굴에서 혼자 정

---

2 대승불교는 실크로드를 통해 중국으로 들어와 여러 방면으로 불교 사상이 발전했다. 이 가운데 가장 크게 발전한 사상은 선종(禪宗)의 사상인데, 보통 선사상이라고 한다. 우리나라 불교 종단 가운데 장자격인 조계종은 종파로써는 선종에 해당한다.

진하고 있었다. 이때 승려 혜가(慧可, 487~593)는 달마 스님을 찾아가 가르침을 구하고자 찾아왔다.

"스님, 제 마음이 너무 불안합니다. 어떻게 하면 마음을 편안하게 할 수 있을까요?"

"너의 불안한 마음을 여기 손바닥에 위에 올려놓아 보아라. 그러면 편안케 하리라."

"올려놓을 마음이 없습니다."

"그럼 너의 마음은 편안하게 되었다."

결국 자신에게 일어난 그 번뇌 자리가 해탈의 자리라는 뜻이다. 곧 회두시안(回頭是岸)이다. 수여 년 전 중국에서 사찰을 순례할 때 어느 사찰 입구에서 보았던 단어인데 늘 잊지 않는다. 즉, 고개를 돌리는 바로 그 자리가 피안(彼岸, 사바세계 저쪽에 있는 깨달음의 세계)이라는 뜻이다.

이준관 시인의 〈넘어져 본 사람은〉이라는 시는 넘어지게 한 돌부리를 원망하고 차 버릴 것이 아니라 그것을 붙잡고 일어나야 한다고 말하고 있다. '땅에서 넘어진 자, 땅 짚고 일어나라'라고 하는 것과 같은 이치다. 불안한 마음자리에 편안한 마음이 함께 공존하고 있다. 불안과 편안한 맘이란 '손'으로 치면, 손등과 손바닥의 관계라고 보면 된다. 내 마음이 힘들고 괴롭다고 밖에서 해결법을 찾은들 찾아지는 것이 아니다. 답

법구경 마음공부

은 자신에게 있다.

어느 비구니 스님이 이런 시를 남겼다.

> 하루 종일 봄을 찾아 다녀도 봄을 찾을 수가 없었다.
> 짚신이 헤어지도록 찾아다녔으나 찾지 못하고
> 집에 돌아와 보니, 뒤뜰에 매화꽃이 피어있더라
>
> (盡日尋春不見春 芒鞋踏遍隴頭雲 歸來笑撚梅花嗅 春在技頭二十分)
>
> 《학림옥로(鶴林玉露)》

결국 매화는 집에 있건만 외부에서 찾고 있음을 말하고 있다. 서양에서는 파랑새에 비유된다. 파랑새를 찾아 사방팔방 헤매다 찾지 못하고 집에 돌아오니, 집안에 파랑새가 있다는 내용이다. 합천 해인사 팔만대장경 당우 주련에 이런 글귀가 있다.

> "원각도량이 어디인가? 현재 생사가 일어나는 바로 그곳이다."
>
> (圓覺道場何處 現今生死卽是)

여기서 '원각도량'이란 해탈의 자리이고, '생사'란 삶과 죽음이 아니라 번뇌를 의미한다. 곧 번뇌 속에 해탈이 자리 잡고 있다는 뜻이다.《유마경(維摩經)》에서는 '번뇌즉보리(煩惱卽菩提)', '생사즉열반(生死卽涅槃)'이라고 하였다. 과학이 발전하고, 물질문명이 첨단을 달리는 세상이다. 그런데 세상 사람들은 예전에 비해 더 많은 스트레스, 화, 불안, 우울 증세로 힘들어 한다. 이런 문제가 심화되어 묻지 마 살인이나 폭행이 여기저기서 발생하고, 마약 환자는 점점 늘고 있다. 참으로 아이러니한 세상이다.

거미가 스스로 거미줄을 만들 듯이, 자신을 스스로 옭아매는 것은 아닌지를 생각해 보라. 결자해지(結者解之)라는 말은 사람과 사람 간에만 있는 것이 아니라 자신과 자신의 고통에도 마찬가지다. 정신적으로 힘들 때 자신의 고통을 마주해 정면 돌파하듯이 해결하려고 노력해 보라. 병원을 다니든 입원하든 자신의 의지가 곁들여진다면, 어떤 어려운 것도 해결되지 않을 것이 없다. 자신의 고통에 대한 답은 자신에게 있다. 너무 멀리서 찾지 마라.

법구경 마음공부

제4장

"남을 나처럼
생각하라"

좋은 인연을 만드는 부처의 지혜

어떻게
들을 것인가

"지혜로운 사람은 행실이 좋지 않은 자를 보거든
훈계하고 충고해서 그가 잘못되지 않도록 미리 예방해 주어야 한다.
한편, 지혜로운 자는 현명한 성자를 공경하지만,
어리석은 자는 현명한 성자를 멀리한다."

〈지혜로운 사람 이야기〉 77

사람으로서 살아가는 데 어떻게 살아야 '잘 사는 것'이고, 어떤 방법이 '최선의 길'이라는 정의는 없다. 그런데 부처님 진리를 떠나 삶에서 가장 중요한 문제로 여겨지는 것이 있다. 바로 인간관계 문제이다. 흔히 '인사만사(人事萬事)'라는 말이 있다. 어떤 일이든 사람과의 문제만 해결되면 모든 일이 순조롭다는 뜻이다. 인간이 감정의 동물인지라 사람끼리도 감정 문제가 먼저인 듯하다.

부처님 재세시의 이야기이다. 어느 마을에 결제 기간 동안 수백여 명의 비구가 모여 살았다. 이들은 계율을 함부로 어기면서도 전혀 부끄럽게 여기지 않았다. 부처님께서 이들의 소식을 듣고 사리불과 목련 존자를 보내어 그들을 잘 타일러 가르치고 오라고 말씀하셨다. 부처님 시대에도 수백여 명의 승려가 함께 머물렀기 때문에 인간관계가 굉장히 중요한 문제로 여겨졌다.

서두의 《법구경》 게송을 두 가지로 정리하면 다음과 같다. 첫째, 남에게 관심을 갖고 충고를 통해 사람들을 좋은 길로 인도해 주어라. 둘째, 혹 누군가 그대에게 충고하면 감사하게 여기고 그를 존경하라. 그런데 이렇게 할 수 있을까? 필자의 경험을 예로 들어 설명해 보겠다.

첫째의 경우를 보자. 과거 남에게 충고를 잘 하지 않으며 살았던 때가 있었다. 굳이 나와 관련되지 않으면 회피했다. 종종 불교계 신문이나 원고에서 문제점이 보여도 굳이 틀렸다고 말하지 않았다. 그런데 10년 전 쯤 어느 불교계 기자와 대화하면서 "저 신문에 나온 원고가 교리상 문제점이 있어 보인다. 굳이 그분에게 말할 필요가 없어 하지 않는다"라고 말한 적이 있었다. 그때 그 기자가 다음과 같이 충고하였다.

"스님께서는 공부한 학자인데, 당연히 지적해 주어야 진리가 올바르게 전해지지 않을까요?"

기자의 말에 나의 이기적 성향을 부끄럽게 여기고, 그 뒤로는 행동을 바꾸었다. 학문적인 것이든 삶의 방향이든 상대에게 충고해 주는 것이 스님으로서의 도리라고 생각되어서다. 상대에 대한 충고는 잠시 서로 불편할 뿐이요, 미래를 위해 좋은 업(業, 행동)이라고 본다. 인간으로서 상대를 향해 관심을 갖는 것이 당연함이요, 충고 또한 일종의 애정이다. 그러면 그 반대인 무관심은 어떨까?

중국에는 "사오관셴스(少關閑事)"라는 말이 있다. 남이 어떻게 되든 말든 자신과 관련되지 않으면 간섭하지 않는다는 뜻이다. 이는 중국의 관습적 문화로 중국인들의 좋지 않은 습관 가운데 하나이다. 옆에서 사람이 죽어도 돌아보지 않을 정도이며, 남이 어려움에 처해도 전혀 돌보지 않는 못된 버릇이다. 실제 어떤 할아버지가 길을 지나다 뇌출혈로 쓰러졌는데, 몇 시간 동안 수십여 명이 지나가면서도 눈길 한번 주지 않았다. 결국 할아버지는 골든타임을 놓쳐 사망하고 말았다. '설마 그럴 리가?' 하는 사람도 있을 것이다. 그런데 실상은 여기서 말한 것보다 더 심각하다. 이는 역사와 관련된다. 《아Q정전》의 저자인 루쉰은 그의 산문집에서 중국인의 사오관셴스 문화를 신랄하게 비판해 놓았다.

"'자기 대문 앞 눈이나 치울 일이지, 남의 집 지붕 서리는 신경 쓰지 말라'는 속담이 있다. 남의 위급함을 도와주려다 도리어 오해를 사는 일이 흔하기 때문이다. '관청 문이 아무리 활짝 열려 있어도 일리는 있되 돈이 없으면, 따지러 가지 말라'라는 속담이 그것이다. 이러다 보니 사람들은 자기와 관계없는 일에는 되도록 멀리 떨어져 관망만 한다. 짐승 같은 이들이 권력 자리에 앉아 있으면서 백성들을 이렇게 만들었다. 얼마 전에도(1930년) 사람이 병으로 길에 쓰러졌는데, 환자를 둘러싸 구경하거나 재미있어 하는 이들은 많아도 도움 주는 사람은 극히 적다."

루쉰은 당시(1930년대) 중국이 처해 있던 현실을 비판하며 문학으로 신문화운동을 이끌었던 개혁자였다. 루쉰이 자국인들의 무관심을 그렇게 걱정했는데, 지금 중국의 현실은 그대로인 듯하다. 요새는 중국만이 그런 것이 아니라 전 세계 어느 나라든지 사람에 대한 무관심이 팽배해진 것 같다.

법구경 마음공부

충고를 관심으로 받아들여라

근자에는 젊은 사람들이 연장자의 충고를 꼰대의 잔소리로 여기는 문화가 지배적인데, 이는 바람직하지 않다. 몇 년 전 강의에서 학생들에게 이런 말을 한 적이 있다.

"나이 들수록 어른이라는 중압감이 삶을 힘들게 합니다. 누군가로부 터 지도를 받고, 야단쳐 주는 사람이 있다는 것은 아직 보호받고 있 다는 증거입니다. 아직 학생 신분으로 있는 것은 행복한 겁니다. 사 회에 나가면 충고해 주는 사람도 없습니다."

앞의 《법구경》과 똑같은 내용이 《숫타니파타》에도 있다.

"다른 사람이 충고해 주면, 반성하고 감사하게 생각하라. 함께 수행 하는 사람들에게는 악한 마음을 품지 말고, 좋은 말을 많이 해 주어 라. 시기가 적절하지 않을 때는 말을 삼가고, 헐뜯으려는 마음을 품 지 말라."

부처님 시대(기원전 6세기)에도 남에게 충고하거나 충고를 좋 게 받아들이는 이들이 없어 부처님께서도 저런 말씀을 하신 듯하다. 상대에게 충고할 때는 적절한 시기에 하고, 빈정대지

않으며, 진심을 담아야 한다. 상대를 진심으로 대한다면, 언젠
가는 좋은 인연으로 보답할 것이다. 또 그 반대로 상대가 내
게 충고할 때는 '내가 저 사람으로부터 아직도 사랑받고 있는
증거구나. 내게 무관심하다면 이런 말도 하지 않을 텐데…'라
고 받아들이자. 자기 성장의 기회가 될 것이다. 마음을 조금만
더 열고 살자.

어떻게 원한의 고리를 끊을 것인가

'그는 나를 욕하며, 꾸짖었다.
그가 내 것을 빼앗아 가 승리했다'
이런 생각을 가슴에 담아 두면
그 원한은 끝내 사라지지 않는다.
〈대구 이야기〉 3

인간 사회는 투쟁의 역사이다. 개인과 개인 사이에는 늘 다툼이 있고, 기업과 기업은 상극 관계로 서로를 비방하며, 지구촌 곳곳에서는 국가 간의 이권과 종교전쟁으로 수많은 이가 무고하게 죽어가고 있다. 이런 비극의 근원에는 인간의 탐욕심이 있다.

고대 인도의 16대국에 속했던 코살라국과 카시국은 서로 국경을 접하는 나라였다. 두 나라는 오랫동안 사이가 좋지 않았 기에, 사람들은 전쟁이 일어나지 않을까 늘 노심초사하였다.

코살라국의 장수왕은 매우 성품이 어질어 카시국으로 쳐들 어가는 일이 없었고, 자비로 정치를 하여 만백성이 우러러 보 는 성군이었다. 그는 '왕권과 주권으로 무엇을 하겠는가! 왕권 을 이용해 전쟁을 하면 국민만 시달릴 뿐이다'라는 생각을 갖 고 있었다. 반면, 이웃나라 카시국의 범예왕은 코살라국을 호 시탐탐 노리고 있었다.

어느 해 카시국이 코살라국에 쳐들어갔는데, 오히려 카시국 의 왕이 포로가 되었다. 장수왕은 자비로운 마음으로 그를 풀 어 주며 "사이좋게 지내자"라고 했다. 몇 년 뒤, 범예왕은 다시 코살라국에 쳐들어갔다. 결국 코살라국은 망했고, 왕족들은 노예가 되었다. 다행히 장수왕의 태자 장생은 궁궐을 몰래 빠 져나가 목숨을 보전할 수 있었다.

세월이 흐른 뒤 장생은 부친의 원한을 풀기 위해 자진해서 카시국의 신하가 되었다. 마침내 장생은 카시국 왕의 신뢰를 얻었다. 그러던 어느 날, 왕이 장생의 무릎을 베고 잠이 들었 다. 장생은 '원수를 죽일 수 있는 기회는 바로 이때다' 싶어 칼 을 빼 들었다. 왕을 죽이려는 찰나, 아버지가 떠올랐다. 장수 왕은 늘 "원한을 원한으로 갚지 말라. 원한을 원한으로 갚으면

　　　　　　　　　　　　　　　　법구경 마음공부

그 원한은 끝이 없다"라고 말했었다.

　잠시 후 왕이 깨자, 장생은 자신의 신분을 고백하고 용서를 구했다. 왕은 오히려 장생에게 감화를 받아 딸과 결혼시켜 사위로 삼았다. 수백 년 동안 앙숙이었던 두 나라가 드디어 화해를 한 것이다.

분노를 다른 곳으로 옮기지 말라

　2023년 10월 초 중국 항저우에서 아시아 올림픽이 있었다. 올림픽이 끝나고 며칠 뒤 인터넷에 주목할 만한 기사가 올라왔다. 배드민턴 선수 안세영이 부상 투혼으로 금메달을 땄는데, 그와 결승전에서 만났던 천위페이 선수가 축하 메시지를 남겼다는 내용이었다. 경기 당시 안세영은 제대로 걷지도 못할 만큼 부상이 심각한데도 결승 경기를 치렀다. 그리고 한국 역사상 29년 만에 배드민턴 여자 단식에서 금메달을 차지했다. 그는 한국에 돌아온 뒤 자신의 SNS(social network service)에 이런 내용을 남겼다.

　"또 한번 꿈꾸던 순간들을 이루게 됐습니다. 또 다른 꿈을 이루고 빛나도록 더 열심히 최선을 다하겠습니다."

　그런데 항저우 올림픽에서 그의 라이벌이었던 중국 선수 천위페이가 해당 게시물에 이런 댓글을 달았다.

"당신은 이 챔피언을 받을 자격이 있습니다. 축하합니다."

경기에서 패배한 경우, 상대를 비방하며 자신이 승리하지 못한 이유에 대해 변명거리를 늘어놓는 일이 다반사다. 그러나 천위페이 선수는 자신이 졌다는 사실을 말끔히 인정하고 경쟁자였던 안세영 선수를 축하한 것이다. 진정한 스포츠맨 정신이었다.

인도의 독립 운동을 이끌었던 마하트마 간디와 알리 진나도 불편한 사이였다. 간디는 힌두교를 믿었고, 간디와 대적한 인물인 진나는 이슬람교의 수장이었다. 진나는 이슬람 독립국을 만들기 위해 평생을 간디와 싸워 온 정치인이자 숙적이었다. 오늘날 인도가 파키스탄(이슬람)과 인도(힌두교)로 분리된 것 또한 진나에 의한 것이다.

간디는 그와 입장이 달랐다. 간디는 영국으로부터 힘들게 독립한 인도가 종교 문제로 분리 되는 것을 원치 않았다. 결국 간디는 1948년 급진적인 힌두교도에게 저격당해 죽음을 맞이했다. 진나는 정원에 앉아 신문을 보고 있다가 비서를 통해 간디의 비보를 들었다. 그는 한동안 눈물을 흘린 뒤에 방으로 들어가 오랫동안 밖으로 나오지 않았다. 이후 진나도 병이 들어 간디와 같은 해에 죽었다. 비록 종교적인 이념과 정치적인 성

법구경 마음공부

향은 달랐지만, 두 사람 사이에는 인간적인 신뢰감이 있었다고 본다.

세상을 살면서 수많은 사람을 만난다. 나와 벗이 되는 이도 있고, 결이 맞지 않는 사람이나 숙적을 만날 때도 있다. 공자의 말 중에 "불천노(不遷怒)"라는 말이 있다. '분노를 다른 곳에 옮기지 말고, 스스로 다스림으로써 해결하라'는 뜻이다. 이처럼 숙적을 만났을 때 어떤 자세로 상대를 대하는가에 따라 소인(小人)도 되고, 군자도 된다.

지금껏 살아온 날을 한번 돌이켜 보자. 누군가를 향한 증오와 원망을 마음속에 품고 살아 왔는가? 만약 그렇다면 이제는 미움을 거두고 어디에도 얽매이지 않는 군자의 마음을 가져 보는 것은 어떻겠는가?

경청하고
공감하면 된다

배고픔은 가장 큰 고통이요,
조건 지어진 존재(모든 중생)란 고통스런 삶을 산다.
이런 현실을 명확하게 이해하는 자는
최상의 행복세계(열반세계)에 이를 것이다.
〈행복한 삶 이야기〉 203

부처님께서 제자들과 함께 어느 재가자의 공양청을 받았다.
부처님 당시에는 스님들이 탁발해서 공양(밥)을 얻어먹었다.[1]
불교 신자가 부처님과 스님에게 점심 공양(식사)을 대접하는
경우도 있었다. 신자가 공양청을 할 경우, 부처님께 미리 말해

---

1   현재도 미얀마·태국 등 남방불교에서는 승려들이 탁발한다.

허락을 받았다. 그럼 그날 부처님과 제자들이 초대된 집으로 가서 공양을 받았다.

마침 어느 신자가 부처님과 스님들께 공양을 올리겠다고 하였다. 부처님과 제자들이 그 집에 가서 점심 공양을 마쳤다. 대체로 공양받은 뒤에는 부처님께서 초대된 집의 사람들과 마을 사람들에게 진리를 설하는 것이 관례인데, 그날은 부처님께서 법을 설하지 않고 가만히 앉아 계셨다.

그 무렵 한 농부가 법문을 듣기 위해 헐레벌떡 뛰어 들어와 뒷자리에 앉았다. 그 농부는 부처님의 설법을 듣기 위해 일찍 오려고 했으나, 갑자기 우리를 뛰쳐나간 소를 찾기 위해 들판을 쏘다니다 법문 장소에 늦게 온 것이었다. 부처님께서 그 농부에게 "밥을 먹었냐?"라고 물었고, 그 농부가 "먹지 않았다"라고 답하자, 부처님께서 농부에게 "어서 저쪽으로 가서 밥을 먹고 오너라"라고 말씀하셨다. 그 농부가 밥을 다 먹고 돌아온 뒤에야 부처님께서는 진리를 설하셨다.

법문을 마치고 모든 대중이 사찰로 돌아가는 도중에 한 제자가 물었다. "부처님께서는 왜 아까 법을 설하지 않고, 그 농부가 밥 먹고 올 때까지 기다렸다가 진리를 설하셨습니까?" 그러자 부처님께서 말씀하셨다.

"그는 황소를 찾으려 동분서주하느라 밥을 먹지 못했다. 내가 법을 설할 때 그가 법문 듣다가 배고픔을 느낀다면, 그는 배고픔 때문에 진리를 충분히 받아들이지 못한다. 그래서 먼저 그의 배고픈 고통을 먼저 해결해 준 것이다. 그가 황소를 찾느라고 헤매었으니 얼마나 배가 고팠겠느냐? 이 세상에서 배고픔만큼 견디기 어려운 고통은 없느니라."

고통 중에 배고픔으로 인한 고통이 가장 크다고 한다. 그래서 우리나라 속담 중에도 '잘 먹고 죽은 귀신은 때깔도 좋다'라는 말이 있지 않은가!

고달픈 삶을 위로하는 것들

농부를 향한 부처님의 마음 씀을 보자. 불교는 진리의 종교라고 한다. 하지만 부처님께서 중생을 지도할 때 진리보다는 진정 무엇이 그에게 필요한가를 먼저 생각하셨다. 즉, 배고픈 중생에게는 진리보다 밥이 더 중요하다는 것이다. 이런 비슷한 내용이 다른 경전에도 있다. 《약사경(藥師經)》의 약사여래 서원 가운데 이런 내용이 있다.

"중생들이 굶주림에 시달려 먹을 것을 구하다가 '나의 이름'을 부르며 기도한다면, 나는 마땅히 먼저 좋은 음식을 주어 마음껏 배부르게 한 뒤에 진리를 설해 줄 것이다."

또 《약사경》에 '헐벗은 자에게 진리보다 옷을 먼저 준다'라는 표현이 있다. 내 주위 사람들이 무엇을 원하는지에 포커스를 맞추고, 그 사람의 원하는 것을 먼저 경청한 뒤에 그 사람의 아픈 부분을 해결해 주는 '어여쁜 마음'이 중요하다는 것이다. 필자는 이를 공감능력이라고 생각한다.

공감의식은 종교 테두리를 벗어나 모든 사람에게 반드시 필요한 '인성'이라고 본다. 세상살이는 누구에게나 힘들다. 고달픈 삶의 길에서 서로를 위로해 주는 공감이 중요하다고 생각된다. 부모와 자식, 부부, 동료 간에 공감을 갖고 상대를 이해한다면, 분쟁이나 다툼이 조금이나마 줄어들지 않을까?

'도반'을
만나라

자신보다 훌륭하거나 비슷한 사람을 만나지 못했다면
차라리 홀로 가라.
어리석은 자와 함께하지 말라.

〈어리석음 경계 이야기〉 61

부처님 재세시 10대 제자 중에서도 특히 청빈하고 올곧았던 가섭 존자는 수행을 매우 잘한 비구였다. 이 가섭 존자가 왕사성 부근 어느 뻽팔리 동굴에서 두 명의 제자와 함께 수행하고 있을 때이다. A제자는 스승을 존경하며 성실하게 수행했고, B제자는 게으른데다 진리에 대한 믿음도 없었다. B제자는 늘 잔꾀를 부리며 요령을 피웠다. A제자가 스승의 세숫물과 양칫물을 준비해 놓으면 B제자는 자신이 준비한 것처럼 생색내었다. 가섭 존자는 제자의 마음 씀씀이를 알고 있어 그를 타일렀다. 그러던 어느 날 B제자가 어느 신도 집에 가서 "가섭 존자가 병들었다"며 여러 가지 음식을 준비해 달라고 했다. 신도가 음식을 준비해 주자, B제자는 동굴로 가는 길녘에 서서 음식을 모두 먹어 버렸다. 스승이 이 사실을 알고 엄중하게 꾸짖었다. 며칠 뒤 가섭 존자가 A제자만을 데리고 탁발을 나갔다. 이 틈을 타서 B제자는 동굴에 있던 몇 가지 도구와 집기들을 모두 불태우고 그곳을 떠나 버렸다. 부처님께서 이 사실을 알고 가섭에게 이런 말씀을 하셨다.

"가섭아, 제자를 두지 않고 혼자 수행했더라면 이런 고초는 겪지 않았을 터인데, 그런 어리석은 자와 함께했기 때문에 네가 힘든 일을 겪었구나."

이렇게 말씀하신 뒤 "어리석은 자와 함께하느니 차라리 홀로 수행하라"라는 말씀을 덧붙이셨다. 부처님 시대만이 아니라 현 시대에도 이런 비슷한 일이 종종 발생한다. 겉으로는 상대를 향해 호의를 보이면서 속으로는 미워하고 해를 가하려는 사람들이 수두룩하다. 또, 근묵자흑(近墨者黑)이라 했던가? 사람은 주변 색깔에 자연히 물들기 마련이다. 아무리 올곧고 심지가 굳은 사람이라 할지라도 품행이 바르지 못한 사람들과 계속 어울리다 보면 옳지 못한 것을 옳은 것이라 여기게 된다. 그러니 언제나 좋은 벗을 곁에 두어야 한다.

인생을 함께할 도반이 있는가?

중봉 명본(中峰明本, 1263~1323) 선사는 "참선하는 데 훌륭한 벗(도반)을 얻어야 금생에 공부를 마칠 수 있다"라고 하였다. 부처님도 그러셨다. 《잡아함경》에 이런 내용이 있다.

아난이 부처님께 여쭈었다.

"세존이시여! 수행자에게 좋은 도반이 있으면, 그 사람은 수행의 반(50퍼센트)을 완성한 것이 아닐까요?"

"아난아! 그렇지 않다. 좋은 벗이 있다는 것, 좋은 도반이 있다는 것, 좋은 사람들에게 둘러싸여 있다는 것은 수행의 전부를 완성한 것과 다름이 없느니라."

불교에서는 친구라는 말보다 '길벗'이라는 뜻의 '도반'을 쓴다. 또한 '승우(勝友)'라는 말이 있다. 서로 탁마하고 격려하는 친구를 말하는데, 선·후배를 떠나 둘이 함께 나란히 걷는다는

법구경 마음공부

동행의 의미이다. 어느 선사의 어록[2]에는 승려들이 모여 있는 것을 보고, "좋은 벗들이 구름같이 모여 우정을 두터이 한다(如雲勝友交情厚)"라고 하였다. 《숫타니파타》에서도 '좋은 도반을 만나지 못하면, 무소의 뿔처럼 혼자서 가라'라고 하였다. 이처럼 부처님께는 좋은 벗의 중요성을 강조하셨다.

일반 사람들의 삶도 마찬가지이다. 역사에도 우정과 관련한 이야기가 많다. 가장 먼저 《삼국지(三國志)》의 유비·관우·장비를 예로 들 수 있다. 세 사람은 "태어날 때는 달리 태어났지만, 죽을 때는 함께하자"라며 복숭아밭에서 의형제를 맺었다. 이를 도원결의(桃園結義)라고 한다. 피를 나눈 형제 이상의 우정과 의리를 보여 주어 독자들의 가슴을 따뜻하게 하는 인물들이다. 그런데 벗이 꼭 비슷한 나이의 친구만 의미하는 것은 아니라고 본다.

당나라 문인으로 유명한 백낙천(白居易, 향산거사, 772~846)은 불교 신자이자 정치가였다. 그는 만년에 벼슬자리를 내놓고 하남성 낙양에 위치한 향산사에 머물렀다. 향산사는 중국의 3대 석굴 중 하나인 용문석굴 앞에 위치한다. 그는 자신의 모든 재산을 모아 향산사를 중수한 뒤, 불광 여만(佛光如滿, ?~?) 선사가

---

2   語錄. 동아시아 선사들의 수행 경험이나 교육 방법을 설한 것을 말한다.

주지가 되게 했다. 이곳에서 불광 선사를 포함한 아홉 명이 도반이 되어 구노사(九老社)를 결성했고, 불교 공부를 하며 함께 염불하였다. 백락천이 죽으면서 자식들에게 유언을 남기기를 "나를 불광 선사 옆에 묻어 달라"라고 하였다. 현재 백락천의 묘에는 '백원(白園)'이라는 편액이 걸려 있다. 승속, 지위, 신분을 떠나 공부에 도움이 되는 벗이라면 얼마든지 가까이해도 된다고 생각한다.

당나라 때 황삼랑(黃三郞) 거사의 이야기도 소개해 보겠다. 거사는 두 아들을 모두 마조(馬祖, 709~788) 선사에게 출가시켰다. 이후 황삼랑은 출가한 아들들이 사찰에서 잘 적응하는지 걱정되어 사찰로 찾아갔다. 두 아들을 만난 아버지가 아들 스님들에게 이렇게 말한다.

"옛 사람이 말하기를 나를 낳은 이는 부모요, 나를 완성해 주는 이는 벗이라고 했습니다. 두 스님은 나의 자식이지만, 출가자가 되었으니 나의 도반이 되어 이 늙은이를 잘 지도해 주십시오."

또 이런 우정도 있다. 바로 스승과 제자와의 인연으로 유명한 공자와 제자 안회의 이야기이다. 공자도 사랑하는 제자 안회가 죽었을 때 "하늘이 나를 저버렸다"며 가슴을 치며 대성통곡했다고 한다. 안회는 공자에게 제자가 아닌 지음(知音)이었던

법구경 마음공부

것이다.

　세상을 살면서 진정한 벗을 만나기란 쉽지 않다. 서로 가치관이 맞는 사람과 인연이 되기도 쉽지 않지만, 그 인연을 꾸준히 이어 가는 것 또한 쉽지 않다. 스마트폰에 수백에서 수천 명의 지인 이름이 저장되어 있을 것이다. 과연 그중에서 그대를 알아주는 지음이 몇 명이나 되는가?

절대로 갚을 수 없는
단 하나의 은혜

어머니가 살아 있는 것은 즐거운 일이요,

아버지가 계시는 것 또한 즐거운 일이다.

스승을 섬기는 일도 행복한 일이요.

천하에 공부할 진리가 있는 것 또한 행복한 일이다.

〈코끼리 이야기〉 332

위 게송은 참 소박하다. 부모님이 모두 살아 있고, 스승으로 모실 선지식(멘토)이 있다는 것, 마음 닦을 진리가 있는 것, 이 조건들을 갖춘 것이 인생의 큰 행복이라고 말하고 있다. 이 글에서는 부모님에 관한 내용만 언급해 보겠다. 《증일아함경》에도 부처님께서는 부모의 은혜에 대해 이렇게 설하고 있다.

법구경 마음공부

"세상 사람 가운데 단 두 사람에게는 많은 것을 베풀고 좋은 일을 해도 은혜를 다 갚을 수 없다. 그 두 사람이란 바로 어머니와 아버지이다. 설령 어떤 사람이 왼쪽 어깨에 아버지를 얹고, 오른쪽 어깨에 어머니를 얹고 다니면서 천만 년 동안 의복·음식 등을 베풀고, 병이 났을 때 치료해 준다고 해도 은혜를 다 갚을 수 없다. 혹 부모가 노망으로 인해 그대의 어깨와 등에 대소변을 본다고 해도 은혜를 다 갚는 것이 아니다."

또한 《육방예경》이라는 경전에서는 부모에 대한 효를 이렇게 말하고 있다.

"자식으로서 부모를 섬기고, 경순해야 한다. 부모에게 물질이나 금전에 있어서는 모자람이 없게 하고, 무릇 할 일이 있으면 먼저 부모에게 의논하며, 부모 말씀에 순종하고, 부모의 직업을 이어 가문을 빛내야 한다."

효를 강조하는 《부모은중경》에도 부모가 자식에게 베푸는 열 가지 큰 은혜를 설하고 있다. 조선시대 정조 왕은 아버지 사도세자의 명복을 빌기 위해 수원에 용주사를 창건하고, 용주사 판본으로 《부모은중경》을 판각하기도 했다.

효 앞에서는 모두가 하나다

서기 67년 인도에서 중국으로 불교가 유입된 뒤부터 중국에서는 법난(法難, 박해)이 많았다. 법난의 원인 중 하나는 유교와 불교의 충돌이다. 유교에서 불교를 이해하지 못하는 것들은 다음과 같다. 첫째는 부모를 버리고 출가한다는 점이고, 둘째는 삭발하고 연비(燃臂)를 함으로써 신체를 훼손한다는 점이다. 즉, 두 가지 모두 유학의 근본인 효가 배제되어 있다는 데서 법난이 있었다.

그런데 불교에서도 부모에 대한 효도를 강조한다. 부처님 재세시의 목련 존자는 '효자 스님'으로 유명했다. 또한 중국의 선사들은 부모에 대한 효가 매우 지극하다. 명나라 고승 운서 주굉(雲棲株宏, 1532~1612)은 부모님이 모두 돌아가시자마자 출가했는데, 수년간 부모의 위패를 모시고 다녔다. 또 허운(虛雲, 1840~1959) 스님은 출가한 뒤로 부모님의 은혜를 갚기 위해 삼년간 삼보일배하였다.

우리나라에도 유명한 효자 스님들이 있다. 일연과 진묵 스님이다. 진묵(震默, 1562~1633) 스님은 서산(西山, 1520~1604) 대사 휴정의 제자로, 외아들로서 모친을 모시고 살았다. 어느 날 그의 어머니가 "아들이 출가해 대가 끊어졌으니, 내 묘소를 누가 지켜 줄까?"라고 탄식하자, 스님은 어머니께 걱정하지 말라고 하였다.

스님의 말은 그대로 지켜졌다. 진묵 스님의 어머니 묘소는 현재 전북 김제 성모암 내에 위치해 있는데, 아직까지도 불자들의 발길이 끊이지 않는다. 인근 마을 사람들이 자기 집 벌초를 하기 전 진묵대사 어머니 묘를 먼저 벌초하면 좋은 일이 생긴다고 하여 예전부터 서로 다투어 보살폈다고 한다. 또한 우리나라 사람들은 들판에 나가 음식을 먹으면 "고시래"라고 말하면서 들판에 밥을 던지는 풍습이 있는데, 진묵대사 어머니의 이름이 고시래라는 이야기가 있다.

《삼국유사(三國遺事)》의 저자 일연(一然, 1206~1289) 스님은 78세에 불교계 최고 자리인 국존(國尊)으로 책봉된 스님이었다. 그런데 일연 스님은 92세의 모친을 봉양하고자 국사·국존의 지위를 버리고 고향으로 돌아갔다. '부모가 계시기 때문에 내가 생긴 것이니, 어머니께 효를 다해야 한다'라는 일념에서 비롯한 행동이었다. 모친은 나병을 앓고 있었는데, 일연 스님은 타계할 때까지 어머니를 모셨다.

솔직히 앞에서 거론한 효자 스님들을 보면 부끄럽다. 모친이 생존해 계시는데다 같은 서울 땅에 사는데도 자주 뵙지 못한다. 무엇보다 필자가 하는 일이 강의와 원고로 인해 분주해서다.

'한 집안에 승려가 나오면 9족이 흥한다'고 했는데, 다행스럽게도 부모님이나 주변 형제들이 별 탈 없이 잘 살고 있다. 그러나 처음 출가할 때만 해도 모친은 반대가 심했고, 힘들어하셨다. 지금은 승려 자식을 두었다는 것만으로도 자랑스럽게 생각하고 만족해 하신다. 종종 찾아뵐 때마다 당신 집에 있는 물건을 주시고, 어떤 것이든 손에 쥐여 주며 물건을 정리하신다. 승려 이상으로 당신의 마지막을 정리하고 계신 듯하다. 어떤 자식을 두던 간에 부모의 마음은 모두 엇비슷한 것 같다.

나의 '공덕'은
가장 가까운 이부터 나누어라

과거·현재·미래에 얽매이지 않으며,
물질에 대한 집착이나 애착심을 버렸다.
시간에도 구애받지 않고, 물질에도 집착하지 않는 사람!
그를 일러 '훌륭한 성자'라고 한다.
〈참 수행자 이야기〉 421

부처님의 비구니 제자 가운데 진리를 잘 설하는 담마딘나라
는 사람이 있었다. 그의 출가 인연이 매우 흥미롭다. 부처님께
서 왕사성 죽림정사에 계실 때의 일이다. 왕사성에 담마딘나
라는 여인이 살았고, 남편 위사카는 사찰에 가서 부처님 법문
을 자주 들었다.

어느 날 위사카가 법문을 듣고 집으로 돌아오면서 '재산을

아내에게 물려주고, 조용한 곳으로 가서 부처님처럼 수행해야겠다'고 생각했다. 집에서 기다리던 담마딘나는 대문에 들어선 남편 얼굴을 보고 뭔가 변화가 있음을 눈치챘다. 담마딘나는 저녁을 준비해 남편과 함께 식사를 마치고 마주 앉았다. 남편이 먼저 말했다.

"여보, 이제부터 이 집안의 재산은 모두 당신이 갖고 알아서 관리하시오. 재산이나 명예 등 세상 사람들이 추구하는 것들을 멀리하고 싶소. 오늘 부처님 설법을 듣고 물질에 대한 애착과 집착이 사라진 것 같소. 나는 조용한 숲속에 들어가 수도하면서 살고 싶소."

부인이 남편 말을 듣자마자 말했다.

"여보, 저는 당신 재산에 관심이 없습니다. 저는 예전부터 재산이나 물건에 대한 집착이 없었습니다. 저는 가정을 떠나 비구니가 되고 싶습니다."

"매우 훌륭한 생각입니다. 당신은 내일이라도 당장 출가하도록 하시오."

다음 날 남편 위사카는 부인의 출가 준비에 바빴다. 스님들께 보시할 공양물을 들고, 아내를 사찰 입구까지 데려다 준 뒤에 집으로 돌아왔다. 출가 이후 그를 '담마딘나'라고 부르게 되었다.

법구경 마음공부

비구니가 된 담마딘나는 다른 비구니 스님들과 함께 여러 지역을 유행하며 수행했다. 잠시도 게으르지 않고 수행한 결과, 수년 뒤 담마딘나는 불교 수행의 최고 경지인 아라한과[3]를 성취했다. 앞의 게송에서 물질이든 시간이든 그 어떤 것에도 집착하지 않았다고 하듯 그는 그 어떤 것에도 걸림 없는 경지(無礙解, 무애해)를 증득했다. 시간이 지나고 그는 이런 생각을 하였다.

'내가 오래전부터 인연 맺었던 사람들에게 나의 수행 공덕을 회향해야겠구나(공덕을 돌려준다는 뜻). 나 혼자만 진리의 기쁨을 누릴 것이 아니라 많은 이에게 법을 전해야겠다'

담마딘나는 비록 비구니였지만, 어떤 진리(法)에 대해 질문을 받아도 막힘이 없었고, 법을 설할 때는 물이 흐르듯 유창했다. 부처님께서도 이런 칭찬을 하였다.

"여래의 딸인 담마딘나가 매우 대견하다. 어떤 질문에도 막힘이 없으니, 그녀는 바른 진리를 성취한 사람이다. 그 어떤 것에도 애착을 갖거나 구애되지 않는 훌륭한 성자이다."

---

3   阿羅漢果. 완전한 해탈과 열반을 성취한 초기불교 최고의 단계이다. 아라한 이전 수다원, 사다함, 아나함 단계를 거친 뒤에 아라한이 된다.

원수가 될 것인가, 동반자로 살 것인가?

남편인 위사카는 먼저 재산을 정리하고 명상하며 살고자 했지만, 부인의 출가할 마음이 간절한 것으로 판단하고 그를 적극적으로 지원해 주었다. 담마딘나가 깨달음을 얻고 난 뒤 그가 법을 설하는 장소에 전남편이 찾아온다. 남편이 담마딘나에게 진리를 묻고, 담마딘나는 그의 질문에 답을 해 준다.

부부가 좋은 인연으로 만나 서로 의지하는 것이 인생에서 맛볼 수 있는 최고의 행복이라고 생각한다. 그러나 반대의 경우에는 몹시 불행해져 차라리 남보다 못한 수준의 원수가 된다. 문제는 둘만의 문제로 끝나지 않고 자식들에게 영향을 미칠 수 있다는 점이다.

생각해 보자. 한쪽 배우자에게 심각한 문제가 있는 경우도 있겠지만, 대체로 서로가 가해자이면서 동시에 피해자이다. 배우자 때문에 힘들 때 '나도 저 사람을 마주하기 싫은데, 저 사람도 얼마나 내가 보기 싫을까?'라고 생각해 보라. 그러면 조금이나마 미움을 내려놓게 될 것이다. 배우자는 함께 길을 걷는 친구이지, 종속된 존재가 아니다.

진정한 벗은
돈으로 살 수 없다

혹 누군가로부터 불교 진리를 배웠다면,
혹 부처님께 인도해 준 사람이 있다면,
그 사람을 스승으로 대하고, 예의를 갖추어라.
마치 바라문이 제사 지낼 때, 불에 예배하듯이….
〈참 수행자 이야기〉 392

앞의 게송은 훌륭한 스승에게 인도해 준 사람이 있다면, 그
소개해 준 사람의 공덕(은혜)을 잊지 말라는 뜻이다. 이 책에서
도 부처님의 10대 제자 중 한 분인 사리불 존자에 대해 몇 차
례 언급하고 있다. 이 꼭지 내용도 사리불 존자와 관련한다.

사리불 존자는 불교 교단에서 상수격에 해당하며, 지혜가 매
우 뛰어나 부처님께 인정받은 제자이다. 사리불 존자와 목련

존자는 본래 당시 유명한 사상가였던 산자야의 제자들이었다. 사리불과 목련은 매우 절친한 친구인데, 부처님께 귀의하게 된 사연이 있다.

사리불 존자가 우연히 마승[4] 비구가 탁발하는 모습을 보게 된다. 사리불은 그의 기품과 위의에 감화를 받고, 마승 비구에게 다가가 "누구의 제자냐?"라고 물었다. 마승 비구는 이렇게 답했다.

"나는 카필라국의 왕자였던 고타마 싯타르타의 제자입니다. 부처님은 인연에 의해 생긴 모든 법은 인연이 다하면 멸하는 진리를 가르쳐 주십니다."

마침 이 말을 듣고, 사리불 존자는 예전에 목련과 맺었던 '혹 더 훌륭한 스승을 만나면 함께 그분의 제자가 되자'라는 약속을 떠올렸다. 사리불 존자는 처소로 돌아가자마자 친구(목련 존자)에게 낮에 있었던 일을 들려주었다. 이후 목련 존자도 흔쾌히 받아들였다. 마침내 사리불 존자와 목련 존자는 각각 제자 250명을 데리고 부처님께 귀의하였다. 그 당시, 사상가인 산자야가 인도에서 유명한 인물로 알려져 있던 터라 사리불과 목련이 부처님 제자가 되었던 것은 매우 엄청난 사건이었다.

---

4 馬勝. 마승 비구는 부처님이 성불하기 전 함께 수행했던 5비구(안냐 꼰단냐·앗사지·왑빠·밧디·마하나마) 가운데 한 분이다. 5비구는 불교 교단에서 부처님의 첫 제자들이다.

사리불 존자는 불교 교단에 들어온 이후 마승 비구에게 깍듯하게 선배 대접을 하였다. 또한 사리불이 어느 곳에 머물거나 다른 지방으로 옮겨갈지라도(인도 수행법은 승려들이 한곳에 정주하지 않고 옮겨 다님) "마승 비구는 나를 부처님께 인도한 스승이자 도반"이라고 하면서 잠을 잘 때도 마승 비구가 있는 쪽을 향해서 발을 뻗지 않았다고 한다.

사리불 존자의 이런 모습을 괴이하게 여기던 비구들이 부처님께 그런 사실을 말했다. 부처님께서 사리불을 칭찬하면서 말씀하셨다.

> "여래에게 인도하거나 좋은 진리를 말해 주는 사람이 있다면, 그를 스승으로 섬기며 예의를 갖추는 것이 마땅하다."

진정한 도반이란 무엇인가?

중국에서는 《삼국지》 관우를 신뢰와 믿음의 상징으로 여기며 신처럼 떠받든다. 《사기(史記)》의 저술가인 사마천 또한 관우처럼 신뢰와 믿음을 상징하는 대표적 인물이다.

사마천은 사관이었던 아버지의 뜻을 이어 받아 통사(通史)를 저술하겠다는 다짐을 마음에 품고 있었다. 그가 《사기》를 집

필하던 중, 당시 명장이던 이릉이 흉노와의 전쟁에서 중과부적(衆寡不敵)으로 항복하였다. 이 소식을 접한 한무제는 몹시 화를 냈고, 대신들까지도 이릉을 비난하고 나섰다. 사마천은 친구였던 이릉을 변호하기 위해 나섰다가 무제의 분노만 사고 감옥에 갇히는 신세가 되었다. 사마천은 50만 전의 벌금을 내거나, 그렇지 못하면 사형이나 거세를 당하는 궁형을 벌로 받아야 했다. 사마천의 또 다른 친구 임안이 벌금을 준비하기 위해 집안 대대로 살아온 집을 파는 등 그를 구하기 위해 동분서주했다.

이릉에 대한 사마천의 우정, 사마천에 대한 친구 임안의 의리! 멋지다. 의리는 인간관계에서 마땅히 지켜야 할 도리를 다른 이름으로 바꿔 부른 것이다. 그러나 요즘 세상은 날이 갈수록 야박해져 이처럼 의리를 지키는 사람들이 드물다. 서로 간에 의리를 지키려고 하기보다는, 손익을 먼저 계산하고 이에 따라 움직이는 사람들이 많다.

그러나 위에서 언급한 이들과 같이 언제나 등 뒤에서 나를 밀어주고 지지해 주는 이들을 얻는 것이 자잘한 이익을 얻는 것보다 훨씬 더 값어치 있는 일이지 않을까? 무엇이 더 자신에게 도움이 되는 일인지 멀리 보며 생각해 볼 필요가 있다.

법구경 마음공부

왜 칭찬만을
기대하는가

보시를 할 때는 이름을 날리거나
칭찬을 바라지 않아야 한다.
혹 남의 이목을 염두에 둔 허식이라면,
진정한 행복을 얻지 못한다.
〈때 묻음 이야기〉 249

어느 가난한 여성 불자가 있었다. 그는 아침마다 음식을 해서 부처님이 계신 사찰에 음식 공양을 올렸다. 그러던 어느 날 그가 음식을 해서 부처님 계신 도량으로 가는 길녘에 개 한 마리가 쓰러져 있는 것을 발견했다. 그 개가 제대로 음식을 먹지 못한 상태인 것을 알고 음식을 개에게 먹였다. 그는 음식이 없는 빈 그릇을 들고 사찰에 찾아와 부처님께 인사드리고, 음식이 없는 연유를 말했다. 부처님께서 매우 잘한 것이라고 하면서 말씀하셨다.

"배고픈 중생(개)에게 음식을 준 것은 내게 공양 올린 것과 똑같다."

이 내용은 아함부 경전에서 전해지는데, 비슷한 내용이 《유마경》에도 등장한다.

"진정한 보시는 평등한 마음으로 하는 것이다. 가장 가난한 걸인에게 베풀 때도 마치 부처님께 공양 올리는 것과 똑같아야 한다. 부처님이든 걸인이든 분별하지 않고, 대비심(大悲心)을 갖고 누구에게나 평등하며, 과보를 바라지 않는 것이 최고의 '법다운 보시'이다."

그러면서 《유마경》에서는 '중생에게 베풀되 되갚음을 바라지 않는 보시행을 하면, 정토세계에 태어난다'라고 하였다. 성경 구절에도 이런 유사한 내용이 있다. '내가 굶주릴 때에 먹을 것을 주었고, 목마를 때에 마시게 하였고, 나그네 되었을 때에 영접하였고, 벗었을 때 옷을 입혔으니 (…) 내 형제 중에 매우 작은 자 하나에게 한 것이 곧 내게 한 것이니라' 바로 이 성경 내용을 토대로 톨스토이는 〈사랑이 있는 곳에 신이 있다〉라는 단편 소설을 썼다.

보시는 곧 나를 위한 일

'베풀고서 그 되갚음을 바라지 않아야 한다'라는 사상은 《금강경》 표현으로 하면, 무주상보시(無住相布施)이다. 여기서 '상(相)'이란 관념·집착·허례허식 등 자신이 만든 마음의 프레임(frame)을 말한다. 또한 《화엄경》에도 "일체 중생을 위하여 물질적으로나 정신적으로 베풀되, 그 베푼 것에 집착하지 않는 '보시바라밀'을 완성해야 한다"라고 하였다.

부처님께서는 승려가 아닌 사람들에게 법을 설할 때 "보시를 잘해도 하늘세계에 태어난다(生天, 생천)"라고 말씀하셨다. 보시에도 재보시·법보시·무외(無畏)보시 등 여러 가지 형태가 있다.

첫 번째 재보시란 금전·물건·음식과 같이 물질로 보이는 형태가 있는 보시를 말한다.

두 번째 법보시란 진리보시로, 《금강경》에서 몇 차례나 강조하는 보시이다. 물질적인 것들보다는 정신적인 것을 강조하는 보시라고 보면 된다(경전이 짧은데 비해 이 부분이 여덟 차례나 강조됨).

세 번째 무외보시는 상대에게 편안함과 행복을 느끼게 해 주는 보시이다. 이 무외보시가 가장 쉬우면서도 가장 어려운 보시이다. 늘 같은 자세로 상대에게 행복감을 주고, 좋은 이미지를 심어 주어야 하기 때문이다. 아홉 번 잘하다가 한 번만 못해도 앞의 선행은 묻히는 것이 인간사이기에 이를 행하기는 더욱 어렵다.

초기불교 경전이든 대승불교 경전이든 가장 많이 등장하는 주제어 중 하나가 보시이다. 대승불교의 공통적인 실천행이 6바라밀[5]인데, 여기서 제일 먼저 등장하는 것이 보시이다. 또한 불자들이 주변 사람들을 돕는 실천 가운데 4섭법이라는 것이 있다. 이 4섭법을 설명할 때도 가장 처음 등장하는 것이 보시이다.

이러한 보시를 행할 때는 세 가지 조건이 청정해야 한다(三輪淸淨, 삼륜청정). 보시를 하는 사람의 마음가짐·보시하려는 물건·보시를 받는 자 이 세 가지가 모두 깨끗해야 한다는 뜻이다. 특히 대승불교 경전에서는 '자신이 탐욕이 많다고 생각될 때는 보시를 많이 하라'라는 내용을 곳곳마다 전하고 있다.

5　6바라밀이란 보시·지계·인욕·정진·선정·지혜를 뜻한다. 4섭법(四攝法)이란 중생을 교화하는 방법이다. ① 보시, ② 자비롭게 말하는 것(愛語), ③ 중생들에게 이롭도록 돕는 것(利行), ④ 불쌍한 중생들과 더불어 함께 머무는 것(同事)으로써 중생을 교화하는 것이다.

업보는 반드시
되돌아온다

자신이 저지른 악행은
허공이든, 바다이든, 깊은 산 바위틈이든 숨길 수 없다.
그리고 반드시 그 과보는 언제고 드러나게 되어 있다.
〈악행 이야기〉 127

  몇 명의 비구 일행이 부처님이 계시는 기원정사에 가기 위해 배를 탔다. 그런데 이 배가 바다 한가운데 머물러 더 이상 움직이지 않았다. 오랜 동안 배가 움직이지 않자 한 승객이 선장의 여인을 가리키며 "저 여자의 저주 때문에 이 배가 이렇게 되었다"라고 말했다. 선장은 여인 한 사람 때문에 수많은 사람이 죽을 수는 없다며 할 수 없이 그 여인을 물에 빠뜨려 죽였다. 비구 스님들은 순간적으로 일어난 일이라 말릴 겨를도 없어 당황했다. 마침 배가 움직여 항구에 도착했고, 비구들은 사위성 기원정사로 돌아왔다. 비구들은 배 위에서 경험한 '그 여인이 왜 그런 고난을 겪어야 했는지'에 대해 부처님께 질문하였다. 그러자 부처님께서 말씀하셨다.

"그 여인은 결혼하기 전에 반려동물로 개 한 마리를 키웠다. 그 여인은 어디를 가든 개를 동반해 데리고 다녔다. 그런데 어느 도시의 젊은이들이 '개를 데리고 다닌다'라며 여인을 비웃고, 개에게 발길질을 하거나 막대기로 치기도 하였다. 이런 일이 반복되자 여인은 창피함을 느끼고 개를 미워하기 시작했다. 그러던 차에 개가 병이 들자 치료해 주는 것이 귀찮아 개를 물에 빠뜨려 죽여 버렸다. 그 여인이 동물을 학대하고 물에 빠뜨린 업보로 자신도 그런 고난을 당한 것이다. 누구든 나쁜 행위를 하면 언제고 자신도 그런 악업의 과보를 받는다."

요즘은 어느 집이나 반려동물이 있다. 과학적으로 증명될 수 있는 진위 여부를 떠나 '동물이든 사람이든 피해를 주어서는 안 된다'라는 뼈저린 교훈으로 여겼으면 한다. 현재도 그런 비슷한 일들이 벌어지고 있어서다.

'원수는 외나무 다리에서 만난다'는 우리나라 속담이 있다. 이런 주제(학폭에 관한 내용)로 온라인 커뮤니티에 올라온 이야기를 뉴스에서 잠깐 소개한 적이 있다. 그 내용은 이러하다.

학교를 졸업한 지 20여 년 만에 두 친구가 취업 면접장에서 만났다. 두 사람은 좋은 관계가 아니었다. 글을 쓴 사람은 학폭 피해자였고, 면접을 보러 온 사람은 학폭 가해자였다. 피해자는 어느 중소기업의 오너로서 면접장에 면접 위원으로 참여했다. 그런데 면접을 보러 온 사람은 중학교 시절부터 자신을 수년간 괴롭혔던 가해자였다.

돈을 갈취하는 것은 예삿일이었다. 오락실로 불러내 다른 친구와 서로 뺨을 때리며 싸우라고 시키거나, 하고 후 집으로 가는 길을 쫓아와 폭력을 휘두르며 괴롭혔다. 피해자가 선생님께 말을 했는데도 학폭 가해자의 폭행은 더 심해졌다. 결국 피해자는 14세 때 자살을 시도해 응급실에 실려 가기도 했다. 이후 피해자는 성인이 될 때까지 트라우마 때문에 약물치료를 받았고, 개명까지 하며 겨우 상처를 극복했다. 피해자는 20여 년 동안 직장생활을 하며 나름대로 잘 살았는데, 하필 가해자가 자기 회사에 면접을 보러 온 것이다. 피해자는 가해자에게 "절대 채용할 수 없다"라는 말을 건넸다고 한다.

피해자는 글 마지막에 '앞으로도 네가 불행했으면 좋겠다'라는 말을 남겼다. 극단적 선택까지 했을 정도이니 피해자는 얼마나 힘들었을 것인가? 종종 유명 정치인이나 연예인들의 학폭 문제가 도마 위에 올라 대중으로부터 지탄을 받기도 한다.

이처럼 못된 행동의 업보는 언제고 드러나게 되어 있다.

앞의 가해자는 면접장에서 나오기 전 늦게나마 사과를 했어야 했다. 그런데 피해자의 글 내용으로 봐서는 그러지 않은 것 같다. 사필귀정(事必歸正)이라고, 진실은 언제고 드러나게 되어 있다.

인생을 잘 살기 위한 6가지 지침

악행도 언제고 드러나지만, 선행도 반드시 드러나게 되어 있다. 《요범사훈(了凡四訓)》에서 원요범이 아들에게 '인생 살아가는 열 가지 지침'을 남겼는데, 그중 여섯 가지가 자신이 아닌 타인을 배려하는 이야기다.

"스스로 모범되어 남들에게 선한 일을 하도록 권장하라.

진심으로 남을 사랑하고 존경하라.

다른 사람들의 고난을 동정하고 도와주어라.

위험에 처한 사람을 구해 주어라.

공공의 복리를 위해 자비를 실천해라.

남들의 행복을 위해 재물을 많이 베풀어라."

법구경 마음공부

'삶을 어떻게 살 것인지'에 대한 정리는 독자님들 스스로 하였으면 한다.

대접받고자 하는 대로
대접하라

자기 자신이 행복을 원하고, 고통을 바라지 않는 것처럼,
다른 사람도 행복을 바라고 고통을 원하지 않는다.
그대 생명을 소중히 여기듯 남의 생명도 존중해 주어라.
〈벌 받는 이야기〉 129

동네에 가장 어린 아기들을 잡아먹는 포악한 귀자모(鬼子母)
가 있었다. 귀자모에게 아들을 잃은 여인들은 비통해 하며 부
처님께 와서 하소연하였다. 부처님께서 귀자모의 버릇을 고쳐
주려고 그의 자식 가운데 막내를 몰래 데려가 숨겼다. 집으로
돌아온 귀자모는 막내가 보이지 않자 정신이 반쯤 나간 상태
로 아기를 찾아다녔다. 결국 찾지 못하자 부처님께 와서 하소
연을 하였다.

"부처님, 제가 가장 소중히 여기는 막내아들을 잃어버렸습니다. 부처님, 제발 찾아 주세요."

귀자모는 눈물까지 흘려 가며 부처님께 간곡히 부탁했다. 귀자모를 보며 한동안 아무 말씀도 하지 않으시던 부처님께서는 한참 후에야 막내아들을 돌려주면서 말씀하셨다.

"너의 많고 많은 자식 가운데 겨우 한 명을 잃었는데도 몹시 슬퍼하는구나. 너는 자식 하나를 잃고도 이렇게 슬퍼하는데 네게 자식을 잡아먹힌 부모의 마음은 어떠하겠느냐? 네 아기가 소중하듯 다른 여인들의 아기도 매우 소중한 법이다."

이후 귀자모는 참회하고 부처님께 귀의해 불법을 수호하는 호법신장(불법과 중생들을 보호하는 역할)이 되었다. 이 책 뒤에서 '천상천하 유아독존'에 대해 언급하는데(246쪽 참고), 비슷한 사상이라고 볼 수 있다.

자신만큼 소중한 타인

사람이 산다는 것은 무엇인가? 또한, 삶의 목적은 무엇인가? 사실 모든 것은 행복하기 위해서다. 그렇기에 내가 행복을 추구한다면 상대방도 내가 추구하는 것과 똑같은 목적(행복)을 추구할 것이다.

그 행복 가운데 하나는 스스로 자존감을 가지고 남들로부터도 귀중한 존재임을 인정받는 것이다. 심리학자 윌리엄 제임스는 "인간의 욕구 중에서 가장 강렬한 것은 '인정받고 싶은 갈망(craving to be appreciated)'이다"라고 하였다. 여기서 핵심은 자신은 타인으로부터 존중받기를 원하면서 자신은 타인을 존중해 주는지를 생각해 보아야 한다는 점이다.

《마태복음》에도 '너희가 남에게서 대접받고자 하는 대로 너희도 남을 대접하라'라는 말이 있다. 모든 존재가 인격을 갖춘 존재이므로 타인도 그러함을 존중해 주라는 뜻으로 볼 수 있다. 부처님께서 이 세상에 오신 이유도 바로 모든 존재가 다 소중하고 귀하므로 어떤 생명체든 귀중히 여겨야 함을 알려 주기 위해서다.

중국 당나라 때 반산 보적(盤山寶積, 720~814)이라는 스님이 있었다. 스님은 우연히 시장에 들렀다가 정육점의 한 상인이 방금 잡은 돼지고기를 팔고 있는 것을 목격하였다. 마침 한 손님이 상인에게 다가가 말했다.

"가장 좋은 부분으로 한 근만 주십시오."

"손님! 어느 부위인들 최상품 아닌 부위가 있겠습니까?"

반산 스님은 손님과 상인의 대화를 듣는 순간에 '어느 누구인들 최상품 아닌 존재가 있겠는가?'라는 사실을 깨달았다고 한다.

《법화경》에도 이와 관련한 이야기가 있다. 바로 상불경(常不輕) 스님 이야기이다. 상불경 스님은 어느 누구를 만나든 "나는 그대를 가볍게 생각하지 않습니다. 그대들은 반드시 앞으로 부처님처럼 훌륭한 성자가 되기 때문에 그대에게 예를 올립니다(成佛, 성불)."라고 하였다. 이 말을 들은 비구들이 "네가 어찌 감히 내게 수기(授記)를 하느냐?"라며 욕설을 하며 꾸짖어도 상불경 스님은 이런 말을 하는 걸 멈추지 않았다.

우리가 많이 알고 있는 인도 인사말인 "나마스테"도 '당신 가슴속에 담긴 소중한 영혼에 절한다'라는 의미이다. 이때 합장을 하는데, 손바닥 두 개를 합쳐 마음의 진심을 상대에게 인사한다는 뜻이다.

우리가 믿고 있는 신(神)만이 예배받을 대상이 아니라 똑같은 인간끼리도 서로에게 예배하고 존중해야 한다. 남을 존중하는 만큼 상대로부터 존중받을 것이다.

살아 있는 나뭇가지도
함부로 꺾지 말라

모든 생명은 폭력을 무서워하고 죽음을 두려워한다.
그러니 이러한 이치를 자신에게 견주어서
모든 생명에 대해 폭력을 휘두르거나 죽이지 말라.
〈벌 받는 이야기〉 130

고대 인도에 한 성자가 있었다. 성자가 깊은 삼매(三昧, 고도의
정신 집중 상태)에 들어 수행하고 있는데, 갑자기 비둘기 한 마
리가 성자의 품에 날아와 안겼다. 비둘기는 생명의 위협을 받
고 있는지 바들바들 떨었다. 이때 매 한 마리가 날아와 성자에
게 말했다.

"성자님, 그대 품 안에 있는 비둘기를 내놓으십시오."

성자가 그럴 수 없다고 고개를 젓자, 매는 간절한 투로 다시

법구경 마음공부

한번 말했다.

"성자님, 저는 며칠을 굶었습니다. 저 비둘기를 잡아먹지 않으면 저는 굶어 죽습니다."

"나는 수행하는 출가자요. 감히 생명이 죽는 것을 뻔히 알면서 내어놓을 수는 없습니다."

"당신은 참으로 어리석군요. 당신이 비둘기를 지키는 것은 훌륭한 일이지만, 나는 굶어 죽어야 합니다."

수행자가 어떻게 해야 두 생명을 모두 살릴 수 있을지 고민하는데, 매가 먼저 성자에게 말했다.

"그러면 성자님께서 비둘기 무게만큼의 살코기를 떼어 주십시오."

"살코기라면 산목숨을 죽이지 않고는 얻을 수 없으니 내 몸의 일부를 떼어 주겠습니다."

성자가 저울 한쪽에 비둘기를 올려놓고, 다른 한쪽에 자신의 허벅지 일부를 잘라 올렸다. 그 정도면 충분히 비둘기의 몸무게와 같을 거라고 생각했으나 비둘기 쪽이 더 무거웠다. 성자는 할 수 없이 다른 쪽 허벅지도 잘라 올렸는데, 여전히 비둘기가 더 무거웠다. 성자가 연이어 자신의 다른 부위 살을 잘라 올린 뒤에도 비둘기가 훨씬 무거웠다.

성자는 할 수 없이 자신이 직접 저울 위에 올라갔다. 그제야 비둘기 무게와 똑같아졌다. 이런 성자의 모습에 감동을 받은 매는 인사를 하고 그 자리를 떠났다. 이 내용은 《아함경》에 나오는 이야기다. 생명 차원에서는 인간이나 비둘기(鳥類, 중생을 뜻함)가 모두 똑같이 소중한 존재라는 뜻이다.

'이것'이 있기에 '저것'도 있다

인간은 스스로 만류의 영장이라고 칭하며 동물이나 조류 위에 군림하고 오만을 부린다. 그러나 이 세상은 인간만의 것이 아니다. 수많은 동물과 조류, 식물까지 모든 존재가 어울려 공존하는 세상이다. 이렇게 공존하며 사는 세상에 그 어떤 존재인들 귀하지 않겠는가?

2022년 10월, 세계뉴스 가운데 이런 내용이 있었다. 물고기의 잔혹한 죽음을 완화하는 인도적 국제기준이 나올 예정이라는 보도였다. 어류도 스트레스받고 고통에 괴로워한다는 연구 결과가 나왔기 때문이다.

영국 일간지 《더 가디언(The Guardian)》에 따르면, 국제 비영리기구인 '지속가능한 양식관리위원회(ASC)'에서는 물고기가 유통 과정에서 편안한 죽음을 맞을 수 있도록 하는 어류 복지 기준 초안을 검토 중이라고 한다. 즉, 물고기를 죽이기 전 미리 기절시켜 죽을 때의 물리적 고통, 스트레스, 불안을 덜어 주는 것이 이번 안의 핵심이다. 덧붙이자면, 이 내용은 10여 년 전에도 유럽연합(EU)에서 과학적으로 증명되었던 사항이다.

《열반경(涅槃經)》에서는 '초목국토인 무정물도 다 성불한다(草木國土 悉皆成佛)'라고 하였다. 물고기보다 더 느끼지 않을 것 같은 초목도 고통을 느끼는 법이다. 그러니까 이 세상의 그 어떤 존재이든 귀중하지 않은 존재는 없다.

2010년 열반한 법정(法頂, 1932~2010) 스님께서 제자들에게 남긴 유언 중에 "화장하고 남은 재는 평소 가꾸던 오두막 뜰의 꽃밭에다 뿌려 달라"라는 내용이 있다. 스님께서 살아생전 꽃들이 당신에게 예쁜 모습을 공양 올렸으니, 당신의 화장한 재도 비료가 되어 꽃들에게 감사한다는 뜻이었다고 본다.

조선 중기의 고한(孤閑, 1561~1647) 스님 역시 제자들에게 "다비하지 말고 시신을 숲속에 갖다 버려 새와 짐승에게 밥이 되도록 하라"라는 유언을 남겼다. 티베트의 장례 풍습에도 조장(鳥葬)이 있는데, 사람이 죽으면 염을 해 주는 스님들이 들판에서 신체를 분해해 새들에게 먹이는 장례법이다.

이에서 비롯한 스님들의 일상생활 관습을 몇 가지 소개한다. 《사분율(四分律)》에서는 '살아 있는 나뭇가지를 함부로 꺾지 말라'라고 하였고, 《잡보장경(雜寶藏經)》에서는 '혹시라도 나무 밑 작은 그늘에서 쉴 때나 쉬고 난 뒤에 그 가지와 잎사귀, 꽃과 열매를 훼손하지 말라'라고 하였다.

스님들은 뜨거운 물도 싱크대 하수구에 바로 버리지 않고 식혔다가 버린다. 하수구 주위에 있는 습한 생명들을 죽이지 않기 위해서다. 옛날 노스님들은 길을 갈 때 주장자(拄杖子)에 방울을 달아 소리를 내었다. 기어 다니는 작은 생명들이 밟혀 죽지 말고 피하라는 뜻이다.

또, 몸이나 옷에 이가 많았던 시절의 스님들은 옷을 갈아입을 때 바로 빨지 않고 나뭇가지에 걸어 두어 이가 다 빠져나가기를 기다린 뒤에 옷을 빨았다는 일화도 전한다. 더운 여름에도 가능한 한 모기향을 피우지 않는데, 이 또한 모기가 피부에 닿아 본능적으로 모기를 죽이는 일은 어쩔 수 없지만 피를 보시하는 방법이 최선이라고 생각하기 때문이다.

슈바이처 박사가 "생명에의 외경"을 외쳤듯 모든 존재는 소중하다. 존재가 있기 때문에 내가 살아갈 수 있으며, 타인이 있기 때문에 나의 삶이 지속되는 것이다. 이런 논리에 따라 자연계 속 각계각층의 존재가 그들 나름대로 삶의 의미를 부여 받고 살아간다.

타인의 평가에
일희일비하지 말라

큰 바위가 바람에 흔들리지 않는 것처럼,

지혜로운 사람은

어떤 칭찬과 비방에도 흔들리지 않는다.

〈지혜로운 사람 이야기〉 81

　부처님 재세시, 신장이 매우 작은 비구가 있었다. 기원정사
의 비구들 가운데 밧디야 비구의 키가 제일 작았다. 주변에서
는 그를 '난쟁이'라고 불렀다. 이 비구는 천성이 너그럽고 성
격이 활달해서 어느 누가 장난스런 말을 해도 자연스럽게 넘
겼다. 그런데 지나치게 도를 넘는 이들이 있었다. 밧디야 비구
보다 법납이 한참 후배인 스님들까지 그를 난쟁이라고 부르며
머리를 쓰다듬기까지 했다. 여기까지는 그래도 괜찮았다. 　그

러나 아직 비구도 되지 못한 사미들까지 그에게 장난을 쳤다. 법납의 고하를 막론하고 밧디야 비구의 귀와 코를 비틀기도 하고, 손으로 툭툭 치거나 발로 차는 경우도 있었다. 그러면서 "아저씨 비구, 비구 생활을 할 만합니까? 작은 키에 수행 생활이 만족스러운가요?"라는 등의 어처구니없는 말까지 하는 이들이 있었다.

그런데도 밧디야 비구는 사람들의 이런 행위들을 불쾌하게 여기지 않았다. 말 그대로 그는 마음에 상대방을 향한 미운 감정이나 불쾌감이 없었다. 주변의 비구 중에서 밧디야 비구를 안타까워 하면서도 한편으로는 그를 존경하는 이들이 있었다. 한 비구가 부처님께 밧디야 비구의 상황을 말했다. 부처님께서 이런 말씀을 하셨다.

"그대들이 보는 것보다 밧디야 비구는 수행의 높은 경지에 올라 있는 사람이다. 그는 아라한과에 오른 사람으로서 어떤 감정에 휩쓸려가거나 이성을 잃지 않는 비구이다. 그는 상대방이 사납게 말해도 절대로 원한이나 악심을 품지 않는다. 마치 산 위의 견고한 바위처럼 안정되어 있으며, 큰 바위처럼 심지가 굳고 흔들림이 없느니라."

개인적으로 이 게송을 참 좋아한다. 이렇게 살고 싶은데, 쉽지 않아서이다. 누군가 자신을 칭찬해도 흔들리지 말아야 하고, 비방에도 바람 스치듯 해야 하는데, 잘 안 된다.

불교에 '8풍(八風)에 동요되지 말라'는 말이 있다. '8풍'은 선수행하는 선사들의 어록에 많이 등장한다. 8풍이란 네 가지 좋은 일과 네 가지 나쁜 일을 뜻한다. 이(利)는 자신에게 이로운 것, 쇠(衰)는 자신에게 불리한 것, 훼(毁)는 남으로부터 나쁜 평판을 듣는 것, 예(譽)는 남으로부터 좋은 평판을 듣거나 명예로운 일을 겪는 것, 칭(稱)은 남으로부터 칭찬받는 것, 기(譏)는 남으로부터 속임을 당하거나 비판받는 것, 고(苦)는 고통스런 일을 당하는 것, 락(樂)은 즐거운 일이다.

인생 8풍에 흔들리지 않는 법

앞에서 언급했듯 송나라 때 소동파는 참선에 관심이 많아 스님들과 교류가 많았다. 한번은 소동파가 불인 요원 선사에게 자신이 참선해서 깨달음의 높은 경지에 올랐음을 과시하는 시 한수를 지어 하인에게 보냈다.

하늘 가운데 하늘이신 분께 머리 숙여 절하오니,

한 줄기 빛으로 천하를 비추시네.

8풍이 불어도 흔들리지 않고, 자금련에 단정히 앉아 계시네.

(稽首天中天 毫光照大千 八風吹不動 端坐紫金蓮)

자신(소동파)이 부처님께 절을 올리어 부처님의 광명을 받았으며, 현재 자신의 마음 상태가 8풍에도 흔들리지 않는다고 하였다. 그러면서 자신은 부처님이 앉아 계시는 연화좌에 앉아 있다는 약간의 오만함도 담겨 있다.

불인 선사는 이 시를 흘깃 보고 "헛소리"라는 세 마디로 하인을 통해 답했다. 화가 난 소동파는 한걸음에 스님이 머무는 절에 달려와 다짜고짜 따졌다. "어찌 선사가 사람을 무시하느냐?"는 것이었다. 불인 선사가 웃으며 말했다.

"아니! 그대는 '8풍에 흔들리지 않는다'고 시를 짓고서 그 한마디를 못 참고 달려왔으니, 8풍에 동요되고 있군요!"

인생에는 늘 꽃길만이 펼쳐지진 않는다. 축구에만 복병이 있는 것이 아니라 인생에도 늘 변수가 도사리고 있다. 그러니 좋은 일이 생겼다고 들뜨지 말고, 나쁜 일이 생겼다고 의기소침하지 말자. 경전에서 밧디야 비구는 '수행이 높은 경지에 오른 사람이라 어떤 경계에도 흔들리지 않는다'고 하였다. 그런데 수행이 잘 되지 않은 평범한 우리들도 이런 원리를 알고 연습하면 된다. 시간이 흐르면 영광스런 일, 부끄러울 만큼 힘들

법구경 마음공부

었던 일, 고통스럽거나 즐거운 일 모두 세월이라는 강물에 흘러가게 되어 있다.

사람의 인생사에도 역경과 행복이 함께 얽혀 굴러간다. 즐거움이 있으면 고통이 있고, 오르막길이 있으면 내리막길이 있는 것이 인생이다. 어느 누구든 고난과 내리막길보다는 행복과 오르막길을 선호한다. 그런데 어찌 이것이 뜻대로 되겠는가? 하지만 삶의 기복(起伏)에 있어 사람을 성장시키는 것은 행복했던 순간보다 고난과 역경일 거라고 생각한다. 그래서 영국 속담에 '잔잔한 바다에서는 훌륭한 뱃사공이 만들어지지 않는다'라는 말도 있다. 내리막길에서 그 고난을 부정한다면 결국 힘든 사람은 '자신'이다. 고난과 내리막길을 거부하지 말고 받아들이자. 어떤 것이든 다 지나간다!

가장 위대한 승리자는 누구인가

전쟁터에서 수천의 적군과 싸워 이기는 것보다
자기 한 사람을 정복한 사람이 가장 위대한 승리자다.
〈1천 이야기(述千品)〉 103

앞의 게송은 대중에게도 널리 알려져 있는 게송이다. 부처님 재세시 꾼달라께시 비구니는 형이상학적 학문과 철학에 능통했다. 그는 점점 유명해졌고, 높은 유명세만큼 자신감도 충만해졌다. 그는 여러 지역을 다니며 공개적으로 자신에게 도전할 사람을 찾았다. 그러다 우연히 사리불 존자를 만나 겨루게 되었는데, 도저히 사리불 존자를 이길 수가 없었다. 이런 인연을 계기로 그는 부처님의 제자가 되었다. 훗날 부처님께서 그에게 이런 말씀을 하셨다.

"학문이나 신통력으로 사람과 다투어 이기는 것보다 자기를 극복해서(수행) 자기를 정복하는 사람이 훌륭한 성자이다."

이 비구니는 빠른 시간에 수행의 높은 경지에 이르렀다. 승려들이 출가해 수행할 때도 남과 싸워서 이기는 것이 아니라 자기를 정복하는 것에 집중한다. 그렇지 않으면 해탈할 수 없다. 당나라 황벽(黃檗, ?~850) 선사의 《전심법요(傳心法要)》에 이런 내용이 있다.

"추위가 한차례 뼈에 사무치지 않는다면 어찌 코를 찌르는 매화 향기를 얻을 수 있으리오(不是一番寒徹骨 爭得梅花博鼻香)."

매화는 매서운 추위를 견디고 제일 먼저 봄을 알리며 향기를 뿜어낸다. 보통 성숙한 사람에게 "철들었다"라는 말을 하는데, 봄인 줄을 알고 꽃을 피운다고 하여 매화에 견주어 나온 말이다. 이런 추위를 견디고(자기를 이김) 꽃을 피우기에 동양에서는 사군자(매화·난초·국화·대나무) 가운데 첫 번째로 매화를 꼽는 것이다.

'할 수 있다'가 이끄는 기적

야구 선수 박찬호는 젊어서 미국에서 활동했다. 박찬호 선수가 메이저리그에서 활동할 때 한국은 IMF로 경제 상황이 좋지 않았다. 당시 그는 한국인들에게 희망의 아이콘이었다. 박찬호 선수는 미국에서 활동하면서 정신적으로나 육체적으로 힘들 때 다음 구절을 늘 마음에 새겼다고 한다.

"적은 밖에 있는 것이 아니라 내 안에 있다. 나를 극복하는 순간 나는 징기스칸이 되었다."

박찬호 선수의 역경과 고통의 시간들이 그를 옥(玉)으로 만든 것이다. 에베레스트 산을 정복한 산악인이나 마라톤을 완주한 마라토너들이 한결 같이 하는 말이 있다. "나를 이겼기 때문에 성공했다"이다.

나를 이기기 위해서는 어떤 자세를 취해야 하는가? 테니스를 주제로 한 〈윔블던〉이란 영화에서 주인공 선수는 서브를 넣기 전 마음속으로 늘 '난 할 수 있어. 이것만 성공하면 내가 이긴다'라며 독백을 한다.

가령 이 선수가 서브를 넣을 때마다 '상대 선수가 나보다 더 뛰어나다', '나는 이번 경기에 질 것 같다', '서브가 잘될 것 같지

법구경 마음공부

않다'와 같이 불안한 마음으로 경기에 임했다면 과연 이 선수는 승리할 수 있었을까? 경기에서 가장 두려운 자는 상대편 선수가 아니다. 자신의 '두려워하는 마음', 즉 '이 게임에서 질지도 모른다'라는 부정적인 사고를 극복하는 것이 급선무다. 극복을 통해 자신감을 얻는 것이 자기를 이기는 것이다.

수년 전 올림픽에서 우리나라 펜싱 국가대표 선수가 경기를 하던 도중 궁지에 몰렸다. 누가 봐도 그의 패배가 예견되었다. 그런데 선수는 포기하지 않았고, 경기 휴식 시간에 입으로 '할 수 있다'를 되뇌었다. TV화면에서도 그가 '할 수 있다'라고 읊조리는 모습이 그대로 방출되었다. 결국 그 선수에게 기적 같은 일이 일어났다. 상대편 선수와의 점수 차를 극복하고, 승리해 금메달을 목에 걸었다. 이 선수가 했던 '할 수 있다'는 당시 우리나라 사회에서 슬로건으로 잠깐 유행했다.

이 '할 수 있다'는 자신에게 거는 최면과 같은 메시지로, 우리나라에서는 '초월명상'이라고 한다. 초월명상은 특정 단어나 어구를 반복해서 조용히 읊조리는 방법으로, 인도 라마나 마하리쉬(Ramana Maharshi, 1879~1950)가 만든 명상법이다. 이 '할 수 있다'라는 초월명상은 1960년대 이후 서양에서도 크게 유행했다. "말이 씨가 된다"라는 말처럼, 입으로 나온 그 언어는 반드시 현실화되게 되어 있다. 결국 생각대로 이루어지는 법이다. 이를 심상사성(心想事成)이라고 하는데, '내가 생각하는 대로 모든 일이 이루어진다'는 의미이다. 이런 것들은 종교와 무관하게 가치 있는 사고방식이라고 본다.

취업의 문턱에 있든, 입시를 앞두고 있든, 중년에 어떤 사업을 계획하든 이처럼 긍정적인 마음을 갖기 위해 노력하는 것이 무엇보다 중요하다. 현 상황과 물리적인 현상이 그대를 힘들게 하는 것이 아니다. 어떤 일을 하든 간에 자신 마음에 일어난 두려움·공포·무서움·실패 등등 부정적인 생각이 문제가 된다. 이런 부정적인 생각을 극복하는 것이 자기를 정복한 승리자이다. 어느 노래 가사에도 있듯이 '생각하는 대로, 말하는 대로' 될 것이다. Things willl come right. 자기를 극복하라.

법구경 마음공부

제5장

"자신을
놓치지 말라"

나다운 삶을 찾아 주는 부처의 가르침

나를 사랑해야
남도 사랑할 수 있다

자기 자신을 주인으로 삼아라.
그대 자신 이외에 별도로 주인이 없다.
조련사가 말을 잘 다루듯이 자기 자신을 잘 다스려라.
〈비구 이야기〉 380

어느 날 부처님께서 제자들과 신자들을 모이게 한 뒤 "4개월 후에 여래는 열반에 들 것"이라고 말씀하셨다. 아직 깨달음의 경지(道와 果)에 이르지 못한 비구들은 안타까워했고, 신자들은 눈물을 흘리며 슬퍼했다. 아직 깨닫지 못한 비구 중에 한 분인 담마라마 스님은 마음속으로 이런 생각을 했다. '나는 너무 늦게 출가해 부처님을 만난 지 며칠밖에 되지 않았다. 이제 겨우 부처님을 만났는데, 부처님이 열반에 들기 전에 무슨 일이 있

어도 아라한과에 올라 부처님께 인가를 받아야겠다'

부처님께서 곧 열반한다는 소식에 우울한 분위기였음에도 담마라마 비구는 오롯이 정진에만 몰두했다. 그의 진심을 모르는 사람들은 '스승이 열반하는데 슬퍼하지도 않고 홀로 삼매를 즐긴다'라며 오해하기 시작했다. 점차 그를 비방하는 이들이 많아지자 부처님께서 말씀하셨다.

> "제자들이여, 여래에게 꽃과 향으로 공양하는 것은 여래를 존경하는 것이 아니다. 그대들이 진실로 여래를 존경한다면, 그대들 자신 스스로 해탈을 향해 정진해야 한다."

부처님께 예배하는 것이 중요한 것이 아니라 각자 스스로 열심히 수행해서 깨닫는 것이 부처님께 은혜를 갚는 길이라는 뜻이다. 필자 또한 스승의 위치에 서 보니 부처님 말씀에 십분 공감한다.

가족의 행복보다 먼저 챙겨야 할 한 가지

며칠 전 불자 두 분이 찾아왔다. 학자로 살다 보니 신도가 많지는 않더라도 종종 인연들이 찾아온다. 이분들과 대화하는 중에 한 불자님이 인등(불상 옆에 있는 작은 등불)에 자기 식구들 이름을 적어 두고 싶다고 했다. "누구 이름을 적어 두고 싶냐?" 라고 물었더니, 남편과 자식 이름을 쓰고 싶다고 했다. 그분의 답변을 듣자마자 다음과 같이 물었다.

"불자님! 왜 자기 이름은 쓰지 않으세요?"

"저야, 뭐 …. 남편과 아이들만 잘되면 되지요."

"안 됩니다. 남편과 자식 이름은 쓰지 말고, 불자님 이름만 쓰세요. 불자님이 잘되어야 남편과 아이들도 잘되는 겁니다."

어떤 종교든지 여성 신도들은 자신의 안위를 기도하지 않는다. 교회를 가거나 사찰에 가서 오직 남편과 자식들을 위해 기도한다.

그런데 필자는 이 점에 반기를 든다. 사찰이든 교회든 여성 신도들도 자신을 위한 기도가 먼저여야 한다. 이것은 이기적인 것이 아니다. 자신의 자존감을 먼저 높여야 한다. 자기가 먼저 건강하고 행복해야 가족과 주변 사람들을 행복하게 할 수 있다. 그래서 평소 여성 신도들에게 이렇게 말한다.

"오롯이 자기 자신만을 위해 기도하십시오. 지금까지 살아오면서 남에게 잘못했던 것을 참회하고, 앞으로 남은 인생에서 자신이 어떻게 발전하고, 다른 사람들에게 어떻게 도움 주어야 하는지를 기도해야 합니다. 또 기복신앙에 머물지 말고,

진리 공부도 열심히 해야 합니다."

인생의 우선순위를 '나'로 두려면

최근 한 다큐멘터리를 보았다. 그 다큐멘터리 주제는 현대인들의 '번아웃(burnout)'에 관한 것이었다. 내용 중에 A주부의 인터뷰가 나왔다. A주부는 병원에서 번아웃을 진단받은 터였다. 그분의 인터뷰 내용을 보니, 삶에 열정이 있는 분이었다. 그는 병원 진단을 받기 전 아이가 고등학생이 될 때까지도 꼭 학교에 데려다 주었다. 아들이 운동하는 학생이었기에 먹는 음식이나 선생님과의 관계 등 여러 가지도 꼼꼼히 챙겼다. 방송 기자가 사연을 모두 듣고, 다음 질문을 하였다.

"어머니의 삶이 없으셨던 거네요? 본인의 삶이요?"

그러자 주부가 답하였다.

"아이들이 제 삶이고, 신랑이 제 삶입니다. 그런데 이렇게 가족을 우선순위로 하고 살아도 그 열심히 한 만큼 보상받은 게 아무것도 없다고 생각됩니다."

그의 답변을 보면서 '저렇게 자신은 제쳐 두고, 남편과 아이들을 우선으로 하니 번아웃이 올 수 밖에 없지!'라는 생각을 하였다(나름대로 그럴만한 이유가 있을 텐데, 밖으로 보이는 것만으로 판단하는 오류일 수 있음). 번아웃은 신체적인 과로도 있지만 노력한 만큼 결과가 주어지지 않을 때 오는 허탈감에서 생기기도 한다. 번아웃은 결국 자존감을 상실하면서 우울증이 함께 동반된다.

정리해 보자. 그저 부처님께 예배 드리는 행위가 중요한 것이 아니다. 자신 스스로 공부를 챙겨 깨달음의 높은 경지에 오르는 것이 부처님께 드리는 최고의 예배이다. 이는 불교 신자가 아닌 이들도 마찬가지다.

어느 누구도 그대 인생을 대신해 주지 않는다. 그러니 먼저 자기 자신부터 챙겨라. 진정 자신이 건강하고 행복해야 가족들과 지인들에게 사랑과 행복을 줄 수 있다.

가장 소중한 것은
무엇인가

모든 생명은 채찍을 두려워하고, 살기를 좋아한다.
자신의 생명을 소중히 여기는 것처럼
생명 있는 존재를 죽이거나 해롭게 하지 말라.
〈벌 받는 이야기〉 131

부처님께서 사위성 시내에서 탁발하는 도중 동네 청년들이
빙 둘러서서 막대기로 뱀 한 마리를 두들겨 패는 것을 보았다.
부처님께서 그들에게 "무엇을 하느냐?"라고 묻자, 동네 청년들
은 이구동성으로 대답했다.

"뱀이 우리를 해칠까 봐 막대기로 때리고 있습니다."

그러자 부처님께서 말씀하셨다.

"뱀이 너희들 중 누군가를 물었는가?"

동네 청년들이 다시 대답했다.

"아닙니다."

"그대들은 누군가로부터 막대기로 맞거나 폭력을 당하고 싶지 않을 것이다. 그러니 그대들도 생명 있는 존재를 함부로 해쳐서는 안 된다. 만약 그대들이 다른 이를 해친다면, 반드시 행복한 삶을 살 수 없게 될 것이다."

대체로 축생들은 사람이 먼저 건들지 않으면 해를 가하지 않는다고 한다. '살생하지 않는다'는 불교 계율 가운데 첫 번째 항목이다. 불교에서는 사람뿐만이 아니라 모든 존재에 대해 살생하지 말라고 한다. '중생'이라는 말도 사람만을 지칭하는 것이 아니라 모든 존재를 의미하는 단어이다. 식물계는 '무정(無情) 중생'이라고 하고, 살아 꿈틀대는 중생은 '유정(有情) 중생'이라고 한다. 그렇다면 불교는 어디서부터 생명 존중 사상이 시작된 것일까?

음력으로 4월 8일은 불교계의 큰 행사인 부처님 탄신일이다. 우리나라 사람들이 종종 들어 봤을 이런 말이 있다. '천상천하 유아독존' 하늘 위나 하늘 아래 오직 나만이 홀로 존귀하다는 뜻으로, 부처님께서 세상에 태어날 때 하신 말씀이다.

삼라만상 모든 것이 참으로 귀하다

부처님은 인도 카필라국의 왕자로 태어났다. 어머니 마야부인이 싯달타 왕자를 낳기 위해 친정으로 가는 도중, 태기가 있어 룸비니동산에서 무우수 나무를 붙잡고 아기를 낳았다. 이때 아홉 마리 용이 물을 토해 아기 부처님을 씻겼고, 싯달타는 일곱 걸음을 걸으면서 오른손으로 하늘을, 왼손으로 땅을 가리키면서 이런 말씀을 하셨다.

"하늘 위나 하늘 아래, 오직 나만이 홀로 존귀하다(天上天下 唯我獨尊)."

실제로 이런 일이 가능한 일인가? 당연히 아니다. 부처님이 탄생하는 날의 말씀이라고 한다면, 불교의 상징적인 의미를 내포한다고 볼 수 있다. 종종 신문 지상에도 이 단어가 쓰이는데, 그때마다 독불장군처럼 자기만이 가장 최고라는 뜻으로 쓰인다.

그런데 실상은 그런 뜻이 아니다. '유아(唯我)'란 절대적인 자아, 이 세상에 그 무엇과도 바꿀 수 없는 귀중한 존재요, 생명이라는 뜻이다. 내가 세상에서 가장 귀중한 존재임을 스스로 인지한다면, 나 이외 모든 존재가 나처럼 똑같은 귀한 존재임을 인식하라는 뜻이다.

법구경 마음공부

부처님께서 사위성 기원정사에 계실 때의 일이다. 코살라국의 파사익왕은 왕비 말리부인을 매우 사랑했다. 어느 날 왕이 왕비에게 물었다.

"그대는 이 세상에 가장 소중한 것이 무엇입니까?"

왕은 왕비에게 "제게는 대왕이 가장 소중한 존재입니다"라는 답변을 은근히 기대했을지도 모른다. 그런데 왕비는 뜻밖의 대답을 하였다.

"대왕이시여! 제게는 저 이상으로 소중한 것이 이 세상에 아무 것도 없습니다."

왕은 왕비의 말에 수긍하면서도 '왕비가 너무 이기적인 것이 아닌가?'라고 생각했다. 다음 날 파사익왕은 직접 기원정사로 찾아가 전날 왕비와의 대화를 부처님께 말했다. 부처님께서는 왕에게 "왕비의 말이 맞다"라며, 다음과 같은 게송을 말씀하셨다.

"마음속, 어느 곳을 찾아보아도

나 자신보다 소중한 것은 이 세상에 없다.

내가 이러하듯 다른 사람도 똑같은 생각을 할 것이다.

제 몸을 아끼고 자기를 사랑한다면, 절대 남을 해쳐서는 안 된다."

《무문자설경(無問自說經)》

부처님은 출가해 불교 교단을 이끌면서 두 가지 입장을 고수하셨다(이는 264쪽에서 다시 언급된다). 첫째는 당시 사회에 당연시 되어 왔던 바라문들의 동물 살생에 반대하는 것이고, 둘째는 계급제도(caste, 카스트제도)에 반대하는 것이었다. 부처님께서 당시 사회에 반기를 든 두 가지 모두 '모든 존재가 귀중함'을 의미한다. 그렇다! 우리 모두는 사랑받기 위해 태어난 존재이다. 상대를 존중해 주고, 스스로도 자존감을 갖자!

좋은 것은 좋은 대로,
굽은 것은 굽은 대로

자신에게 불평하지 말라. 남을 부러워하지도 말라.
남을 부러워하는 비구는 마음의 평온을 얻지 못한다.
비록 자신의 능력이 부족하다고 느낄지라도 스스로에 불평하지 말라.
〈비구 이야기〉 365

부처님 재세시 어느 비구가 다른 사람과 비교하면서 종종 우울감에 빠졌다. 부처님께서 이를 아시고 그 비구에게 서두의 게송을 말씀해 주셨다.

근자에도 SNS 등 여러 매체를 통해 타인과 비교하며 힘들어 하는 현대인들이 많다. 심지어 어떤 이는 극단적인 선택을 하는 경우도 있다. 수천 년 전이나 (의학·과학이) 첨단을 달리는 현 시대나 인간의 마음 구조는 똑같은가 보다.

《장자(莊子)》에 '오리 다리가 짧다고 늘리지 말고, 학의 다리가 길다고 자르지 마라'라는 구절이 있다. 학은 다리가 길어 느릿느릿 걷고, 오리는 짧아 뒤뚱뒤뚱 걸을 뿐이다. 바다의 게는 옆으로 걸어가고, 꽃은 세월을 이기지 못해 꽃잎이 떨어진다. 모두 그 각자의 삶대로 멋지게 살아간다. 구한말 경허(鏡虛, 1846~1912) 선사의 법문에도 이런 내용이 있다.

> "큰 그릇은 다만 큰 데 쓰일 것이고, 작은 그릇은 작은 데 쓰일 뿐이다.
> 크든 작든 그릇들은 각자 그들의 역할이 있다.
> (…) 이 세상에 좋고 나쁜 것은 없다.
> 좋은 것들은 좋은 대로,
> 굽은 것은 굽은 그대로 목적에 맞으면 된다."

이렇게 세상 만물은 누구와 비교될 수 없는 그 나름대로의 가치를 간직하고 있다. 누구의 삶이 최선의 삶이고, 누가 세상을 잘 살았다고 단정할 수 없다.

남의 꽃밭만 바라볼 때 벌어지는 일

대학에서 학생들에게 강의할 때 종종 소개하는 사람이 있

법구경 마음공부

다. 미국의 오프라 윈프리다. 그는 흑인으로, 한부모 가정에서 태어났다. 어린 시절 친척에게 성폭행을 당했고, 청소년 시절에는 마약에 임신중절까지 경험했다.

그러나 이처럼 불우한 환경 속에서도 그는 자신의 자질을 갈고 닦는 것을 멈추지 않았다. 점차 성공해 수십 년 동안 자신의 이름을 내건 토크쇼를 진행했으며, 고향인 남아프리카공화국에 고등학교를 세우기도 했다. 그리고 어느 해, 그는 세계를 움직이는 영향력 있는 인물로 뽑혔다. 그는 이러한 경험을 되돌아보며 사람들에게 다음과 같은 메시지를 던졌다.

> "당신이 다른 사람을 이기려고 굳이 애쓸 필요가 없다.
> 다른 사람을 흉내 낼 필요도 없다. 그냥 당신 자신이 돼라."

사람은 누구나 자신만의 그릇과 자기만의 스타일을 지닌다. 자신이 파란색 콘셉트라면, 다른 사람의 붉은색 콘셉트로 바꿀 필요가 없다. 내 파란색은 파란색 나름대로 세상에서 가장 멋지고, 훌륭한 것이다.

사찰에서 법문할 때 자주 활용하는 이야기를 소개해 보겠다. 여러 사람이 각자 짐을 짊어지고 길을 떠났다. 하룻밤 묵는 여관에서 그는 신에게 불만을 터뜨렸다.

"남들이 지고 있는 짐은 가벼운데, 왜 나의 짐은 이렇게 무겁습니까?"

신은 그의 불평불만을 해소코자 이렇게 말했다.

"오늘 밤에 사람들이 숙소에 들어가면, 짐을 모두 한 창고에 모아둘 것이다. 너는 내일 아침 일찍 나와 창고에 가서 제일 가벼운 것으로 골라 바꿔서 짊어져라."

다음 날 남자는 신이 알려준 대로 제일 먼저 창고에 들어가 가장 가벼운 짐을 골랐다. 그런데 걷다 보니 점점 짐이 무거워졌다. 남자가 짐을 내려서 확인해 보니, 어제 자신이 짊어졌던 바로 그 짐이었다.

남들은 꽃길만 걷는 것 같고, 힘든 일도 없어 보인다. 그러나 그도 힘들게 살고 있다. 어느 누구에게나 인생의 영욕(榮辱)과 고락(苦樂)이 똑같은 법이요, 각자 짊어져야 할 삶의 무게 또한 같다.

자신만 부족하고 모자라지 않다. 어느 누구나 모난 돌이다. 세상의 모든 것(사람을 포함)은 완벽하지 않으며, 완전하게 갖춰져 있지 않다. 괜히 타인과 비교해 상대적 박탈감을 갖지 말라. 자신의 그릇대로 자존감 있게 사는 것이 가장 멋진 삶이다. 어떤 그릇이든 저마다 쓰임이 있듯이 사람도 각각 자신의 역할이 있다. 결코 자신의 삶만 부당하지 않다.

법구경 마음공부

결국 가장 중요한 것은
진실함이다

속이지 말라. 화내지 말라. 탐욕을 멈추고 많이 베풀어라.
앞의 세 가지를 실천한다면,
반드시 죽어서 하늘세계에 태어날 것이다.
〈분노 이야기〉 224

불교 세계관에서 하늘세계인 천계(天界)는 조금 독특하다. 신
적(神的)인 의미의 하늘세계가 아니라, 인간이 사는 세계보다
조금 좋은 세계를 지칭한다. 중생은 6도를 윤회하는데, 중생이
윤회하는 가운데 가장 좋은 세계가 천계이다. 자신이 지은 선
업과 악업에 의해 다음 생이 결정된다. 앞의 게송은 바로 이런
사상을 배경으로 하며, 이와 관련한 이야기를 소개해 보겠다.

부처님께서 기원정사에 계실 때의 일이다. 목련 존자가 도

리천(33천) 천상세계에 다녀온 일이 있었다. 목련 존자가 도리천에 올라가 보니 길거리나 도로가 단정하고 깨끗했으며, 천인(天人, 하늘에 사는 사람)들이 즐겁고 행복하게 살고 있었다. 목련 존자는 그들에게 "전생에 무슨 공덕을 지었기에 하늘세계에 태어났느냐?"라고 질문했다.

이들의 대답은 모두들 제각각이었다. 어떤 천인은 "저는 천상에 태어나기 전에 보시를 많이 했다"라고 하였고, 두 번째 천인은 "저는 극히 적은 물건, 즉 사탕수수대 하나, 과일 한 개, 채소 한 포기라도 진실한 마음으로 정성스럽게 스님들께 보시했다"라고 하였다. 그리고 세 번째 천인은 "자기 주인이 매우 난폭해 폭력을 행사했지만 그에게 앙심을 품지 않았고, 자신을 고용해 준 것만으로도 감사하게 여겼다"라고 하였다. 그리고 네 번째 천인은 이렇게 말했다.

"저는 천상에 태어나기 전에 부처님 설법을 많이 들어서가 아니라 항상 진실만을 말했으며, 정직하게 살았습니다."

훗날 목련 존자가 부처님을 친견하고, 이런 질문을 하였다.

"부처님, 사람들이 거짓되지 않고 진실만을 말하거나, 타인에게 악감정을 품지 않고, 작은 것일지라도 정성스럽게 공양 올린 것만으로도 천상에 태어날 수 있는 공덕이 됩니까?"

부처님께서 말씀하셨다.

"비록 작은 행을 할지라도 진실함을 잃지 않는다면 반드시 과보가 있다. 결코 그 과보는 사라지지 않는다."

앞의 이야기들을 정리하면 남에게 잘 베풀고, 설령 타인이 자신을 미워해도 오히려 감사하며, 예쁜 말을 하고, 질직(質直)하게 사는 것이 덕임을 말하고 있다. 이렇게 진실하고 정직하게 살면 바로 다음 생에 좋은 세계에 태어난다. 노자는《도덕경(道德經)》에서 인간관계에서 가장 중요한 것은 '진실함이 없는 말을 늘어놓지 않는 것'이라고 하였다.

진실함을 잃지 않는 것은 수행자에게도 중요한 덕목 가운데 하나라고 본다. 이는 종교를 떠나 인간으로서 지녀야 할 도덕 규범이다. 부처님께서는 이를 불자가 지켜야 할 계율로 보셨다. 진실과 정직함은 현생에서는 신뢰감으로 인정받고, 미래세에서는 좋은 세계가 보장된다는 과보를 가져다 준다. 있는 그대로 보고, 사유하며, 포장하지 않는 진실함은 바로 인과의 열쇠가 되기 때문이다.

서두 게송의 '속이지 말라'라는 문장이 마음에 꽂힌다. 해인사 성철(性徹, 1912~1993) 스님께서는 살아생전 "불기자심(不欺自心)"이라고 하셨다. '자기 마음을 속이지 말라'는 뜻이다. 인간은 타인을 속이고, 신도 속일 수 있다. 또 인간의 뇌는 자신의 잘못을 합리화해 스스로를 속일 수 있다. 이에 '속이지 말라'는

뇌가 아닌 마음에서 '진실한 자신과 마주하라'는 뜻이라고 본다. 당나라 때 서암언(瑞巖彦, 850~910) 선사는 매일 바위 위에 올라가 큰소리로 자문자답하였다.

"주인공아!"

"네."

"눈을 똑바로 뜨고 있는가?"

"네."

"속이지 말라."

"네."

인생을
낭비한 죄

진리를 모르고 백년을 사는 것보다
단 하루를 살더라도
성스러운 진리를 알고 사는 것이
품격 있는 인생이다.
〈1천 이야기〉 115

　부처님께서 사위성 기원정사에 계실 때이다. 사위성에 행복하게 사는 한 부부가 있었다. 부부는 나름대로 재산도 많았고, 아들딸 열 넷을 양육해 대가족을 이루었다. 남편이 죽으면서 부인에게 재산을 상속했고, 그는 재산을 직접 관리했다. 그런데 자식들이 하나둘 찾아와 자신들에게 재산을 분배해 줄 것을 요구했다. 한 아들은 어머니에게 이렇게 말했다.

"어머니, 저희 집에 재산이 아무리 많아도 우리들이 갖고 있지 않으니 무슨 의미가 있겠습니까? 저희 형제들이 어머니 한 분을 잘 모시지 못할 것으로 생각해서 재산을 물려주지 않는 겁니까? 어머니께서 저희들에게 재산을 분배해 주면, 저희들이 어머니를 잘 모시겠습니다."

이렇게 아들과 딸이 돌아가면서 재산 분배를 졸라대니, 그는 자식들의 말을 듣지 않는 것도 예의가 아닌 것 같아 자식들을 모두 불렀다. 그리고 자식들에게 이런 말을 하였다.

"아버지가 물려준 재산을 너희들에게 똑같이 나누어 줄 것이다. 이렇게 하고 나는 너희들에게 의지해 살 것이니, 용돈을 내게 보내어라."

그는 자식들이 자신을 보살펴 줄 것이라고 믿고, 자신의 몫으로는 조금도 남기지 않고 전 재산을 자녀들에게 골고루 나누어 주었다. 그런 뒤 어머니는 먼저 큰아들에게 가서 함께 생활하기 시작했다. 그런데 얼마 되지 않아 큰며느리가 불평을 늘어놓았다.

"시어머니께서 우리가 장남이라고 두 몫의 재산을 준 것도 아닌데, 왜 어머니께서 저희 집에 머물러 계신가요?"

이렇게 시작된 불평은 예전에 발생했던 일까지 연결되었고, 며느리는 한없는 불만을 늘어놓았다. 그는 너무 불편해 둘째 아들 집으로 찾아갔다. 그런데 이 둘째 며느리는 큰며느리보다 더했다.

"장남도 모시지 않는데 왜 우리가 어머니를 모셔야 합니까? 어머니께서 저희들에게 재산을 더 준 것도 아니잖아요."

그는 다시 셋째 아들 집으로, 넷째 아들 집으로 옮겨 다녔으나 불편하기는 마찬가지였다. 결국 큰딸 집으로 찾아갔으나 큰딸도 마찬가지였다. 또 둘째 딸에서 막내딸 집으로 찾아다녔으나 그들도 한결같이 "오빠들도 모시지 않는데, 왜 딸들이 모셔야 하느냐?"라는 불평을 끝도 없이 늘어났다.

자식이 부모에게 재산만을 바라고, 그 재산을 상속받고는 천대하는 일은 오늘날에도 범람하는 문제이다. 이런 못된 자식의 행태는 그 옛날이나 요즘 세상이나 똑같은가 보다. 사회주의 국가 중국에서도 몇 년 전 '효도하라'라는 광고를 내걸기도 했다.

사찰에서 법문할 때 가끔 이런 말을 한다.

"보살님들은 자식이 학문이든 예술이든 그 어떤 것이든 하고 싶어 하는 대로 가르치십시오. 그리고 그렇게 공부시켜 준 것이 재산 상속임을 자식에게 일러 두세요. 이후 재산은 보살님들 자신을 위해 쓰십시오. 최대한 인생을 즐기고(공부나 취미), 보시도 많이 하며, 여행도 하십시오. 당신 재산은 당신이 다

쓰고 죽어야 합니다. 자식들에게 남겨 준들 자식들이 적게 받은 것만을 탓하지, 부모에게 고마워하지 않습니다."

얼마나 서글프고 씁쓰레한 이야기인가?

인생을 낭비한 자, 모두 유죄

중국에서는 고대부터 1900년대까지 '부모의 권리'라고 하여 친권처분(親權處分) 신고가 있었다. 자식이 불효하면 관가에 고발해 형벌을 내리는 것을 말한다. 이때 벌로 사형까지 내려졌다. 부모가 차마 고발까지 해서 자식을 죽게 하지 않아도 주변에서 고발해 처벌받게 하였다. 부모를 천대한 사람들이 과연 그 자식으로부터 효도를 받을 수 있을까? 당신도 늙어 간다는 사실을 명심하면, 이기적인 만용을 부리지 못할 것이다.

앞의 이야기에 등장한 여성은 자식들의 처사에 큰 상처를 받고 출가해 비구니가 되었다. 그는 '자녀(뿟띠까)를 많이 두었다(바후)'라는 뜻으로 '바후뿟띠까'라고 불렸다. 출가해서는 '소나'라고 하였다.

소나는 자신이 늦게 출가했기 때문에 수행할 수 있는 날이 많지 않다고 생각해 오롯이 수행에만 정진했다. 그는 잠도 자지 않고 정진하며, 부처님께서 가르쳐 준 수행법대로 수행했다. 부처님께서는 비구니 가운데 정진을 제일 잘한다고 해서 소나를 '정진제일'이라고 불렀다. 비록 그가 늦게 출가했지만, 열심히 정진하는 모습에 "삶의 진실을 모르고 100년을 사는 것보다 단 하루라도 진리를 알고 사는 것이 훨씬 훌륭한 인생이다"라며 칭찬하셨다.

군이 도덕적인 관념을 활자화하는 것이 낯간지럽지만 그럼에도 여기서 두 가지 메시지를 남기고 싶다.

첫째, 누구나 나이 들어 노년을 살게 된다. 자신도 나이가 들면, 늙은 부모가 된다. 자신의 처지에 견주어 아무리 부모님과 뜻이 맞지 않아도 부모에게 예의를 갖추어야 한다.

둘째, 인생은 매우 짧다. 《법구경》이나 《숫타니파타》 등에서 부처님은 인생을 오래 사는 것이 중요하지 않으니, 하루를 살더라도 의미 있는 인생을 살라고 말씀하셨다.

영화 〈빠삐용〉에서 주인공이 억울하게 누명쓴 거라며 죄가 없다고 항변하자, 재판관이 이렇게 말했다. "당신이 주장하는 사건이 무죄라고 하더라도 당신이 인생을 낭비한 죄는 유죄다." 삶의 품격은 양보다 질적인 것에 있다. 흐리멍덩하게 살지 말자. 나 자신을 아끼고, 내 인생을 남에게 맡기려 들지 말며, 하고 싶은 일에 최선을 다하며 살자.

누구나 부처 될 마음을
품고 있다

훌륭한 가문에 태어났다고 '바라문'이라고 할 수 없다.
비록 비천한 노비 출신일지라도 진리를 믿고 따르는 사람!
그를 일러 '훌륭한 성자'라고 한다.

〈참 수행자 이야기〉 393

　부처님의 십대 제자 가운데 계율을 철저하게 잘 지킨 비구 우바리(優波離) 존자는 본래 출가 전 왕족들의 머리칼을 깎아 주던 이발사였다. 왕족 출신 비구들은 우바리 같은 천민을 출가 교단에 받아들이는 것을 달갑지 않아 했다. '왜 여래가 우바리와 같은 하천한 천민을 교단에 받아들여 사람들(시주자)로 하여금 출가교단에 대한 신뢰를 저버리게 할까?'라고 생각하며 부처님의 사상을 의심하기까지 했다. 또한, 재가자들(시주자)

이 불교 교단에 공양을 하지 않을지도 모른다고 염려하며 교단에 천민이 끼어있다는 사실을 부끄러워했다.

어느 날 왕족 출신 비구들이 부처님께 불평불만을 늘어놓으며 이렇게 말했다.

"우바리 존자가 아무리 우리들보다 먼저 출가했다고 하지만 예전에 그는 우리들을 수발들던 천민입니다. 왕족인 우리가 어떻게 우바리에게 서열을 지키며 선배 대접을 합니까?"

그러자 부처님께서 이렇게 답하셨다.

"출가하기 전 세속에서 천민이었든 왕족이었든 간에 출가하였다면 법(진리) 앞에는 모든 사람이 평등하다. 우바리보다 늦게 출가한 왕족 비구일지라도 우바리에게 당연히 선배 대접을 해 주어야 한다."

무엇이 귀함과 천함을 정하는가?

승려들의 출가한 햇수를 '법납'이라고 한다. 승려들이 공양할 때, 법문을 들을 때, 어떤 행사를 할 때 등의 상황에서 이 법납 순으로 서열이 정해진다(이 점은 현 한국 불교에도 똑같이 적용되고 있다). 우바리 존자가 이런 일을 겪게 된 것은 최하층 계급에 속하기 때문이다. 부처님은 출가하면서부터 그 당시 사회

관습에 반기를 들었는데, 크게 두 가지 요소에 반대했다.

첫째, 바라문(제사를 관장하는 사람)들이 행했던 공희(供犧, yajña) 제도에 반대했다. 공희는 동물을 의례적으로 도살하여 신에게 바치는 행위이다. 당시에는 바라문들이 동물의 피와 고기를 신들에게 바치는 것이 이상한 일이 아니었다. 부처님은 자비를 내세우며 철저히 생명 존중을 강조하였다. 《숫타니파타》에서도 다음과 같이 말씀하신 것을 볼 수 있다.

"저들도 나와 똑같은 귀중한 존재라고 자신과 입장을 바꿔 생각해서 결코 다른 생명을 피해를 입히거나 죽여서는 안 된다. 또한 다른 사람을 죽게 해서도 안 된다."

불교에서는 이러한 생명 존중 사상에 따라 푸자(pūjā)라는 예배가 행해졌다. 푸자는 물, 향, 꽃, 음식물을 올리는 공양이다.

둘째, 고대 인도에서 철저했던 신분계급, 카스트제도에 반대했다. 인도에는 부처님께서 출가하기 수백여 년 전부터 신분계급이 존재했다. 부처님께서는 계급제도를 반대하며 모든 사람이 평등하다고 주장하셨다.

카스트제도는 기원전 1300년경, 현재 러시아의 코카서스 지방에 머물던 유목민인 아리아(Ārya)족이 인도로 침입하면서

법구경 마음공부

만들어졌다. 아리아족은 처음에 펀잡(오늘날의 파키스탄) 지역에서 살다가 점차 동부 지방인 갠지스강 쪽으로 이동했다. 기원전 12세기경에 접어들자 이들은 갠지스강변에서 베다(Veda, 성전)를 중심으로 바라문 문화를 형성하며 카스트제도를 도입하였다.

즉, 아리아족은 원래 살고 있던 원주민(드라비다족)을 정복하면서 이들을 지배하기 위해 신분을 제도화한 것이다. 바라문들은 자신의 계급을 정당화하고, 원주민에게는 낮은 계급을 숙명처럼 생각하며 세상을 살도록 세뇌했다. 카스트는 '혈통'이라는 뜻의 포르투갈어 '카스타(casta)'에서 나온 말로, 16세기 포르투갈 사람들이 인도의 신분제도를 보고 붙인 이름이다.

이들의 계급은 네 개로 나뉜다. 첫째는 바라문(Brāhmaṇa)족으로 제사장 계급이다. 둘째는 왕족(Kṣatriyas) 계급, 셋째는 백성이나 상인(Vaiśya) 계급, 마지막이 천민(Śūdra) 계급이다. 이것으로 끝나지 않는다. 이 네 계급에 들지 못하는 아웃카스트(outcaste)인 불가촉천민(不可觸賤民)이 있다.

불가촉천민이란 접촉해서도 안 된다는 뜻이다. 이들과 닿기만 해도 부정해진다는 인도인의 관념이 있다. 이들보다 높은 계급인 바라문, 왕족, 평민 계급 사람들은 아웃카스트와 손이라도 스치면 바로 샤워를 할 정도라고 한다.

《마등가경(摩登伽經)》에는 길을 지나던 아난 존자가 목이 말라 우물에서 물 긷는 여인에게 물을 달라고 청하는 이야기가 나온다. 그 여인은 "저는 천민으로서 차마 존자님께 물을 드릴 수 없습니다(바가지 물을 건네면서 접촉하는 일)"라고 말한다. 이에 아난 존자는 "냇물이 바다에 들어가면 모두 한 맛이 되듯 천민이든 바라문이든 우리 교단에서는 차별이 없습니다"라고 답한다.

행위에 의해 귀한 사람이 됨

《숫타니파타》에서도 부처님은 이렇게 말씀하신다.

"사람은 출신 성분으로 천한 사람이 되는 것이 아니다.

또한 태생에 의해 귀한 사람이 되는 것도 아니다.

행위에 의해 천한 사람이 되기도 하고,

행위에 의해 귀한 사람이 되기도 한다."

불가촉천민들은 마을 밖에 거주한다. 이들이 거주하는 집은 작고 천장이 낮아 고개를 숙이고 들어가야 한다. 음식도 낮은 계급 사람이 만든 음식은 높은 계급 사람이 먹을 수 없기에 호

텔이나 음식점의 주방장도 브라만족이다. 또 1~3급 사람들이 의자에 앉으면 천민 계급 사람들은 바닥에 앉아야 한다.

1947년 인도가 독립할 당시 첫 법무부장관은 암베드카르라는 불가촉천민이었다. 만인 평등을 근본으로 하는 불교로 개종하면서 현대 인도에 새로운 불교 운동을 일으킨 인물이다. 암베드카르는 1949년 인도 사회의 신분차별 제도가 힌두교(고대 브라만교)라는 잘못된 종교에서 기인한다고 보고, 힌두교 이념을 거부하며 개종하였다. 그가 주장하는 불교는 관념적 불교가 아니라 가난하고 억압받는 천민들을 해방시키는 실천적 해방의 불교였다. 그가 개종할 때 수천여 명의 불가촉천민이 함께 동참했다.

카스트제도는 1947년에 폐지되었지만, 아직도 인도에서는 관습법처럼 남아 있다. 하다못해 미국이나 유럽 등 외국에 사는 인도인들이 결혼할 때도 계급에 맞춰 결혼할 정도이다. 더 큰 문제는 서로 계급이 다른 사람과 결혼할 경우, 낮은 계급 사람은 상대편 가문 사람들에게 명예살인을 당하는 일도 비일비재하다는 것이다. 첨단을 달리는 21세기에 듣기에는 거짓말 같은 이야기지만, 실제로는 언급한 것보다 더 심각하다.

서두의 게송에서 언급했듯, 부처님께서는 비록 불가촉천민일지라도 누구나 출가해 수행하면 '훌륭한 성자'가 될 수 있다고 하셨다. 부처님의 이런 말씀은 경전 여러 곳에 언급되어 있고, 후대의 성불(成佛) 사상으로 발전했다.

중국불교 선사상(禪思想)의 토대는 불성(佛性)이다. 《열반경》을 보면 '모든 중생은 불성을 갖고 있다(一切衆生悉有佛性)'라는 말이 나온다. 즉, 불성을 가진 모든 존재는 성불할 수 있다는 뜻이다. 불성에 대한 확고한 믿음이 있기에 동아시아 승려들이 출가해 수행하고 있는 것이다. 부처님께서 어떤 계급 사람이라도 귀한 존재라고 했던 이유는 이처럼 모든 이가 평등하게 부처가 될 수 있다는 데 있다.

'천한 사람'과
'귀한 사람'의 차이

삶 자체가 고라는 것을 바르게 인식하고 깨달음에 도달한 것,
바로 이런 경지를 적멸(寂滅)이라고 한다.
무거운 짐을 모두 내려놓은 사람!
그를 일러 '훌륭한 성자'라고 한다.
〈참 수행자 이야기〉 402

　게송에 '무거운 짐을 모두 내려놓은 사람'이란 번뇌를 극복해 해탈한 사람을 뜻한다. 이 게송에서 '훌륭한 성자'라고 지칭한 사람은 불가촉천민 출신 비구를 말한다.

　사위성의 대부호인 바라문 집에 젊은 천민이 있었다. 부처님 재세시 천민은 주인의 재산 목록에 들어가므로 함부로 이동할 수 없었다. 그 노비는 주인집에서 몰래 도망 나와 불교 교단에

출가해 비구가 되었다. 이 비구는 열심히 정진해 최고의 수행 경지인 아라한과를 증득했다. 당연히 부처님으로부터 칭찬받았으며, 타의 모범이 되었다.

어느 날 이 비구가 부처님을 모시고 여러 비구들과 함께 탁발을 나갔다. 그런데 그곳에서 만난 비구의 옛 주인(바라문)이 그를 알아보고 부처님께 '자기 노비'를 다시 데려가겠다고 항의했다. 부처님께서는 그 비구가 "5온(색·수·상·행·식)으로부터 자유로운 완전한 깨달음(이 비구는 무아 진리를 증득)"을 얻었다고 하면서 "다시 바라문 집으로 보낼 수 없다"라고 말씀하셨다.

우리나라의 조선시대에도 비슷한 상황을 겪은 분이 있다. 서산 대사의 스승인 부용 영관(芙蓉靈觀, 1485~1571)이다. 영관은 훗날 큰 스님이 되어 주인을 만나 사죄를 했는데, 그 주인은 흔쾌히 면천해 주었다고 한다.

앞서 우바리 존자에 관한 이야기(262쪽 참고)에서 언급했듯이 인도는 특히 신분제도가 엄격해 천민은 출가 자체가 어려웠다. 그럼에도 우바리, 마부였던 찬나, 분뇨를 청소했던 수니타 등 천민 출신 승려가 매우 많다. 부처님께서는 단지 가문과 태생이 좋다고 그를 바라문(여기서는 훌륭한 성자를 지칭)이라고 할 수 없다고 말씀하셨다. 즉, 인간성이 좋고 행실(실천수행)이 훌륭한 사람이 바라문이라는 뜻이다.

법구경 마음공부

불교 교단에서는 빈부귀천을 가리지 않았으며, 출가코자 하는 사람은 모두 받아들였다. 부처님께서는 법을 청하는 사람이 기녀이든 천민이든 왕자이든 간에 먼저 법을 구하는 사람에게 진리를 설해 주었다. 이런 내용은 부처님의 '인류 평등 사상'이라고 본다.

진정한 만민평등이란?

《잡아함경》에는 어느 왕과 부처님의 대화가 전해진다.

"바라문은 출신이 높으니 혹 범죄를 저질러도 면죄되어야 하지 않습니까?"

"이 나라에 카스트제도가 있지만, 모든 사람은 평등하다. 모든 사람에게 잘나고 못난 차이는 있을 수 없다. 카스트제도는 세간에서 차별하고자 지어 낸 언어일 뿐, 중생은 실제 업에 의해 출생한다. 대왕이여, 혹시 어떤 바라문이 도둑질을 하였다면 어떻게 처벌해야 하겠는가?"

"설령 바라문이라고 할지라도 벌을 내리고, '도둑놈'이라고 부르겠습니다."

"찰제리(왕족 계급)가 도둑질을 하면 어떻게 하겠는가?"

"찰제리도 바라문과 똑같은 벌을 줍니다."

"대왕이여, 사성(四姓, 카스트)은 평등한 것이다. 거기에 무슨 차별이 있겠는가? 인간은 출신이 아니라 다만 업에 의할 뿐이다. 그러니 바라문들 스스로가 '자신들은 제일이고, 다른 사람은 비열하다. 우리는 살결이 희고 청정하며 다른 사람은 검고 청정하지 못하다'라고 하는 말은 타당한 말이라고 할 수 없다. 바라문이라도 나쁜 업을 지으면 지옥에 떨어질 것이요, 천민이라도 선업을 지으면 하늘세계에 태어난다. 사성은 평등한 것이요, 잘나고 못난 차이는 없는 법이다."

아무리 금수저를 물고 태어난 바라문족이라도 나쁜 짓을 하면 법적인 형벌을 받는 것이 당연하다는 말씀이다. 금수저를 물고 태어났든 흙수저를 물고 태어났든 간에 모든 중생은 평등하다. 다만 자신의 행위(업)에 의해 천한 사람이 되기도 하고 귀한 사람이 되기도 한다.

그러면 우리나라는 이런 계급제도가 없을까? 최근의 사회를 보면 갑질, 금수저, 인종차별, 여성 비하 등 적지 않은 사회 문제가 끊임없이 일어나 '평등한 대한민국'이라는 말이 듣기 좋은 허울로만 보인다. 잊을 만하면 나오는 단골 뉴스가 기업 오너들의 횡포나 고급 아파트의 택배기사 출입 제한 문제 같은 것들이다. 이런 갑질의 내용은 상상을 초월할 정도인지라 글자로 표현하는 것조차 부끄러울 정도이다.

또, 이 시대 젊은이들이 노력한 만큼 대가를 받지 못하는 심각한 문제가 있다. 바로 흙수저, 금수저 이야기이다. 몇 년 전한 대학 건물에서 23세의 남학생이 자살한 사건이 있었다. 유서에는 자신이 대학에 와서 흙수저라는 절망감을 느끼고 극단적인 선택을 한다는 내용이 남겨져 있었다. 일류 대학에서 상대적으로 느꼈을 박탈감에서 오는 어린 학생의 현실적 절망감을 생각하면 안타까울 따름이다.

이 글을 쓰는 시점은 아직 추운 겨울이다. 무서운 한파 속 그대가 방안에서 등짝이 따뜻할 때 야외의 노동 현장에서 일하는 이들이 있음을 상기하자. 그들도 어느 누구에게는 소중한 자식이요, 어느 누구의 귀한 아버지이다.

제6장

"늘 마음을
다하여라"

목표를 이루게 할 부처의 조언

왜 남에게 나를
의탁하는가

자기야말로 자기 자신의 주인이다.
남이 어떻게 나의 주인이 되겠는가?!
(자기 이외 어느 누구도 그대의 주인이 될 수 없음)

〈자신 이야기(自身品)〉160

부처님께서 기원정사에 계실 때이다. 어느 여인이 출가하려
고 굳게 결심했는데, 마침 임신했다는 사실을 알게 되었다. 남
편에게 겨우 허락을 받았던 터라 지인 집에 머물며 아기를 낳
았다. 얼마 뒤 여인은 출가자가 되었다. 부처님이 그 여인의
상황을 알고 있던 터라 아기를 사위성 파사익왕의 양자로 삼
게 했다. 아이 이름은 '꾸마라 까싸빠'로, 아이는 7세에 어머니
가 출가한 비구니라는 사실을 알게 되자 본인도 출가했다. 꾸

마라는 정진해 20세가 되는 무렵, 수행의 최고 경지인 아라한과를 증득했다. 그 이후로도 꾸마라 비구는 10여 년을 숲속에서 홀로 정진했다.

이렇게 아들 스님이 열심히 수행하고 있을 때 그의 모친 스님은 아들을 애타게 그리워했다. 마침 꾸마라 비구가 기원정사로 돌아오자 그는 아들을 보기 위해 사찰로 찾아갔다. 꾸마라 비구를 보자마자 "열심히 정진해 큰스님이 되었으니, 나는 더 이상 바랄게 없다"라며 눈물을 흘렸다. 아들 스님은 어머니에게 딱 잘라 말했다.

"대체 이게 무슨 꼴입니까? 아들에 대한 애착을 끊지 못하셨군요. 내게 기대거나 의지하지 말고, 열심히 수행하십시오."

그는 아들의 모진 말을 듣고, 열심히 정진하면서 자신은 오롯이 자신이 구제해야 한다는 것을 깨달았다. 이윽고 어머니도 수년을 열심히 정진해 최고 경지인 아라한과를 증득했다. 부처님께서 모자 이야기를 듣고 이런 말씀을 하셨다.

"해탈코자 한다면 수행자는 결코 남을 의지해서는 안된다. 자신을 위한 깨달음은 오직 자신만이 할 수 있는 것이요, 스스로의 노력으로 증득하는 것이다."

어린 아들 스님이 모친(비구니)에게 너무 매정하다고 생각할 수 있다. 매우 공감한다. 어느 누구도 자신을 구원해 주지 않는다. 오롯이 자신뿐이요, 부처님도 그대를 구원해 주지 못한다(불교는 신의 종교가 아닌 스스로의 공덕과 수행을 견지해야 하는 종교이기 때문).

인생을 살면서 반드시 기억할 것

우리나라 구한말 훌륭한 선사가 있다. 앞에서 잠시 언급한했던 경허 스님으로, 이 스님이 있어 현 대한불교조계종의 법이 존재한다. 경허 스님은 깨달은 뒤에도 서산 천장암에 머물때가 많았다. 마침 이 절은 속가의 형인 태허 스님이 주지를하고 있는 절이었으며, 경허 스님의 모친도 그곳에 함께 있었다. 경허 스님은 어머니께 "염불이든 참선이든 어떤 공부라도꼭 하셔야 합니다"라고 권했다. 그러면 그때마다 모친은 "내아들이 둘이나 스님인데, 나는 기도나 수행을 안 해도 제도(濟度)가 되겠지요"라고 답했다. 그러던 어느 날 아침 경허 스님이어머니와 겸상을 받았다. 그때 스님이 "제가 어머니 밥까지 다먹을 테니 어머니께서는 가만히 앉아만 계세요. 금방 배가 부를 겁니다"라고 하셨다는 일화가 있다.

또, 당나라 때 마조 선사에게 명문 가문의 유학자인 오설 영묵이 찾아왔다. 과거 시험을 보러 가는 중에 과거를 포기하고 출가하러 온 것이다. 영묵은 당시 마조가 유명해서 어떤 분인지 보고 싶어 했다. 이런 계기로 영묵은 사찰에 머물게 되었다. 며칠이 지나 영묵이 마조에게 삭발하겠다고 하자, 마조가 말했다.

"삭발해 주는 것은 어려운 일이 아니네만, 자네의 일대사인연(깨달음)은 나와는 별개의 문제네."

그런데 영묵이 삭발까지 하고 여러 날을 수행해도 아무런 진전이 없었다. 이때마다 영묵은 스승에게 "왜 자기는 빨리 깨달음을 얻지 못하는지"를 채근했다. 이때도 마조는 다음과 같이 말했다.

"자네를 출가해 제자로 만들 수 있지만, 깨달음은 자기 스스로의 노력과 정진으로 되는 걸세."

이 세상은 어느 누구도 그대를 구제해 주지 않는다. 자신의 노력으로 살아야 하며, 자신의 의지로 자신을 일으켜야 한다. 《법구경》의 제43번 게송에서도 '부모나 친척이 그대에게 베푸는 어떤 이익보다도 그대 자신의 바른 마음에서 비롯되는 행복이 매우 크다'라고 하였다.

타인은 내가 아니다. 자기 일은 스스로 해야만 한다. 자신 이외에는 어느 누구에게 의지해서도 안되며 내 인생을 대신해줄 사람은 오롯이 자신뿐이다.

왜 티끌로 태산을
만들려 하는가

게으른 사람들 속에서 열심히 정진하고,
잠자는 사람들 속에서 깨어있는 사람은
마치 경주마가 다른 말들을 앞질러 가듯이
가장 선두에서 달린다.
〈비구 이야기〉 362

　두 비구 스님이 숲속에서 함께 수행했다. A비구는 수행보다
는 숲속에 모닥불을 피워 놓고 앉아 주변의 지나가는 사람들
과 노닥거리며 대화를 즐겼다. B비구는 잠시도 빈틈이 없이
좌선수행에 몰두했다. 그러다 B비구가 A비구에게 "출가했으
면 열심히 정진해야 합니다. 게으름 피우지 말고, 수행하십시
오"라며 충고했다. 그러자 A비구는 "너나 잘하십시오"라며 아

랑곳하지 않고 게으름을 피웠다. 어느 날 B비구가 늦은 밤 좌선을 마치고 방으로 들어가 잠을 자려고 하는데, '이때다!' 싶었는지, A비구가 빈정거리며 말했다.

"나보고 열심히 수행하라고 하더니, 잠자러 방에 들어가는군요. 더 정진하셔야지요."

B비구는 어떤 비난에도 흔들리지 않고 열심히 정진해 최고 경지인 아라한과를 성취했다. 마침내 결제를 마치고, 비구들이 부처님께 인사하러 갔다. 부처님께서는 두 비구 모두에게 다음과 같이 물었다.

"수행이 어떠했느냐?"

그러자 게으른 A비구는 자신은 잘 지냈다는 말과 함께 B비구의 문제점을 언급했다. 부처님께서는 두 사람의 상황을 알고 있던 터라 게으른 비구에게 크게 꾸짖으며 말씀하셨다.

"그대는 착각하고 있구나. B비구는 잘 달리는 준마(駿馬)와 같고, A비구 그대는 게으른 둔마(鈍馬)와 같다."

자신의 집은 스스로 지어야 한다

학기말이 되면 학생들과 학점 문제로 신경전을 벌이게 된다. 학생들은 조금이라도 더 높은 학점을 받길 원하기 때문이다. 이때마다 하는 말이 있다.

"티끌 같은 노력을 하고, 태산 같은 결과를 바라지 말라. 손톱과 발톱을 제외하고 노력 없이 이루어지는 일은 이 세상에 아무것도 없다."

인생의 성공이나 기도를 통해 얻고자 하는 공덕이란 하늘에서 자연스레 떨어지는 눈, 비가 아니다. 성공(果)은 자신이 노력한 행동(因)의 결과로 뒤따라오는 것이다.

어릴 적 가족들과 함께 한 사찰에 자주 갔는데, 그 사찰의 법당 안에는 벽화가 여럿 있었다. 당시에는 그 그림의 의미를 알지 못한 채 단순히 동화 속 그림처럼 감상했다. 수십여 년이 지난 뒤 우연히 그때 보았던 벽화가 머릿속에 떠올라 다시 찾아보았다. 한고조(寒苦鳥, 추위에 떨며 죽은 새) 이야기와 관련한 그림이었다. 종종 강의 도중 학생들에게 잔소리를 하거나 노력 없이 학점을 잘 받고자 하는 학생들에게 이 이야기를 들려준다.

인도 대설산(大雪山) 히말라야산맥에는 한고조라는 새가 살았다. 한고조가 사는 곳은 경관이 빼어났으며, 그의 주변에는 친구가 많았다. 한고조는 매일 이 나무, 저 나무로 옮겨 다니며 친구들과 노는 일에 바빴다. 그러다 밤이 되면 친구들은 집(둥지)으로 돌아갔지만, 한고조는 돌아갈 집이 없었다. 노는 일에 빠져 낮에 자기 둥지를 짓지 못한 것이다. 집이 없는 한고조는 밤새도록 오들오들 떨며 나무에서 밤을 지새웠다. 그러면서 '내일은 노는 일에 정신 팔리지 않고, 집을 지어야지!'라고 맹세했다.

그러나 날이 밝으면 한고조는 간밤의 맹세를 잊어버렸고, 밤이 되면 다시 추위를 견디며 같은 맹세를 했다. 결국 한고조는 맹세만 수없이 거듭하다 추위에 얼어 죽었다.

'매우 어리석은 존재구나…'라고 탄식할 수 있지만, 이는 결국 우리 모두의 이야기다. 내일은 그대를 기다려 주지 않는다. 오늘 하루에 충실하다면 적어도 한고조와 같은 삶은 살지 않을 것이다. 하루살이는 3년 동안 알 속에 있다가 깨어나 하루를 사는데, 그 하루 동안 단 한 번도 날개 짓을 쉬지 않는다고 한다. 하물며 미물도 이러하거늘 사람이 부단히 노력하고 정진하는 것은 당연한 일이다.

비교의 장벽을 깨트리고 넘어서라

인생에서 이룩하고자 하는 일이 있다면 남들보다 몇 배 더 노력하면 된다. 자신의 능력이 부족해 평균 기준에 미치지 못한다며 쉽게 포기하지 마라. 어쩌면 그대가 재능이 출중하다고 부러워한 상대 또한 뒤에서는 밤낮없이 노력을 기울였을지 모른다. 흔한 말로 '도끼를 갈아 바늘을 만든다(磨斧作針)'라고 하지 않는가? 아무리 어려운 일도 계속 두드리면 반드시 이루어낼 수 있다. 사찰에서도 불자들에게 이렇게 말한다.

"다른 사람은 한두 번의 기도만으로도 일이 잘 풀려 잘사는데, 왜 나만 이렇게 부처님의 기도 가피를 받지 못하는 걸까?'라고 생각하는 분들이 많습니다. 그런 생각하지 마십시오. 다른 사람이 경전을 한두 번 독송하면, 보살님은 서너 번 독송하십시오. 그러면 반드시 달라질 것입니다"

종교도 자신이 노력한 만큼 복덕을 받게 되어 있다. 특히 불교 사상은 더욱 그러하다. 앞의 한고조 이야기에 담긴 교훈과 같이 자기 집은 스스로 노력해서 지어야 한다. 어느 누구도 그대를 대신해 주지 않는다. 성공코자 하는 일에 만반의 준비가 되어 있다면 반드시 기회가 오기 마련이다. 힘들지 않은 인생은 없다. 그리고 노력 없는 성공은 없다. 내가 사는 일이 힘들다고 부모를 탓하고 사회를 탓한다면, 인생의 끝에서 패배자로 남을 것이다. 삶은 결코 현 상황을 타개하고, 개척하며, 발전하려고 노력한 자의 피땀을 배신하지 않는다.

악행을 심으면
악과가 열릴 것이다

어리석은 사람은
자신의 악행으로 근심을 만들며, 나쁜 업을 짓는다(因).
그리고 스스로 지은 악업의 결과로 고통을 받는다(果).
〈어리석음 경계 이야기〉 66

불교가 인과를 중시하다 보니 이 인과와 관련한 내용이 많다. 부처님의 10대 제자 중 한 사람인 천안제일(天眼第一) 아나율 존자가 고향 카필라성을 방문했다. 형제와 친척들이 찾아와서 아나율 존자에게 인사하고 공양을 올리는데, 여동생 로히니 공주는 찾아오지 않았다. 아나율 존자가 그 연유를 물어보니 한센병(나병)을 앓고 있어 바깥출입을 하지 못한다고 하였다.

이 말을 들은 아나율 존자가 직접 동생을 찾아간다. 존자는 여동생에게 인과와 관련된 법문을 해 준 뒤 "병을 치료코자 한다면 공덕을 지으라"라고 말했다. 공주는 자신의 재산 전액을 현금으로 만들어 사찰을 새로 창건하는 데 보시하였다. 또 아나율 존자는 공주에게 사찰에 머물면서 화장실, 욕실 등 사람들이 봉사하기 싫어하는 곳을 청소해 공덕을 쌓으라고 하였다. 그는 아나율의 조언대로 공덕을 짓고 선행을 실천해 병이 호전되었다. 마침 부처님께서 법문하면서 그에 대해 언급하였다.

"로히니 공주는 전생에 남을 괴롭혀 죽게 해서 금생에 몹쓸 병에 걸린 것이다. 전생에 그녀는 남편의 첩을 질투해서 첩에게 까완초 가루를 뿌렸다. 첩은 온몸에 부스럼이 생겼고, 가려움을 참지 못해 긁다가 결국 죽게 되었다. 이렇게 남을 괴롭혀 죽게 만든 죄업으로 공주는 한센병에 걸린 것이다."

비슷한 병을 겪은 이가 또 있다. 마가다국의 아사세왕이다. 마가다국은 당시 강대국으로 석가모니 부처님께서 주로 활동하셨던 지역이다. 이 나라의 빔비사라왕은 아사세 태자에 의해 감옥에 유폐되어 죽었다. 이렇게 부왕을 죽이고 왕이 된 아사세왕은 밤마다 악몽에 시달렸다. 왕은 신경성 피부염에 걸려 온몸에 고름이 생기고 그 고름이 곪아 터지는 고통을 당했다. 우리나라 조선시대 세조도 조카 단종을 죽이고 왕이 된 뒤

피부병에 시달렸다.

아사세왕과 세조의 병은 스스로 만든 병이지 않을까? 우연히 얻은 병일 수는 있겠지만, 한 가지 분명한 것은 인과응보가 분명하다는 점이다. 전생이나 미래생까지 생각하지 않더라도 이 인과 사상을 현재 우리가 얼마나 도덕적으로 살아야 하는지 알려 주는 내비게이션 같은 역할로 보았으면 한다.

운명을 바꿀 수 있을까?

몇 년 전 유명한 운동선수들이 바닥으로 추락했다. 또 10년의 무명생활을 견디고 유명 가수가 된 이도 결국 무대에서 내려와야 했다. 이들 이외에도 여러 분야의 유명인들이 나락으로 떨어지고 있다(이런 사실은 현재 진행형이어야 함). 바로 '학폭(학교 폭력)' 때문이다. 학폭 피해자들의 폭로가 가해자들의 앞길에 제동을 건 것이다. 피해자들 중에는 자괴감과 트라우마로 수십 년을 고생한 사람도 있다고 한다. 아마 피해자들은 죽을 때까지 트라우마를 안고 살아갈 것이다.

아무리 유명인이라고 해도 과거의 학폭은 용서받을 수 없다. 사필귀정(事必歸正)이다. 결국 자신이 던진 돌멩이가 벽에 튕겨서 다시 자신에게 돌아온 셈이다. 불교에서 행위를 업이라고 하는데, 이는 두 가지로 나뉜다. 좋은 행위(善業)와 나쁜 행위(惡業)이다. 일반적으로 악업만 부각되는 경향이 있는데, 불교 진리에서는 언제 어느 때고 자신이 지은 악업으로 인한 업보는 절대 피할 수 없으며 사라지지 않는다고 설법한다.

다른 이야기를 하나 보자. 옛날에 한 가난한 대학생이 먹을 것이 없어 며칠을 굶었다. 마땅히 도움을 청할 곳이 없었기 때문이다. 집으로 돌아가는 길녘, 마침 어느 집에 문이 열려 있었다. 그 집에서는 어린 여학생이 음식을 준비하고 있었는데, 그를 본 대학생은 부끄러움을 무릅쓰고 그 여학생에게 먹을 것을 좀 달라고 부탁하였다. 여학생은 기꺼이 그에게 먹을 것을 주었고, 도움을 받은 대학생은 10년이 흐른 뒤 외과의사가 되었다.

어느 날 의사가 수술을 하게 되었는데, 수술받는 환자는 당장 수술비가 없는 한 젊은 여자였다. 수술이 끝나고 환자를 찾아간 의사는 "수술비 걱정은 하지 말라"라고 한 뒤에 이렇게 말했다. "저는 10년 전 같은 마을에 살던 가난한 대학생이었습니다. 한때 배가 너무 고픈 적이 있어 먹을 것을 좀 달라고 했는데, 선생님께서 좋은 맘으로 내게 음식을 주었습니다. 은혜를 잊을 수 없었습니다. 이제는 내가 그 빚을 갚을 차례입니다."

또 다른 이야기도 있다. 리코더(recorder) 그랜드마스터인 한 연주가 이야기다. 이 연주가는 중학교 때 리코더를 시작했고 입시를 위해 고2 때부터 본격적으로 배웠다. 중학생 때부터 쭉 하지 못했던 이유가 있다. 그는 피아노로 음악학교에 들어가는 게 꿈이었는데, 마침 예고 시험에서 떨어지자 모친이 음악을 그만두라고 하였다. 아버지가 암에 걸리는 바람에 어머니가 식당 일로 번 돈으로 어렵게 생활하고 있었기 때문이었다. 이후 선생님의 권유로 경제적으로 부담되지 않는 리코더를 시작했다고 한다. 그는 새벽 5~6시에 등교해 하루에 10~12시간씩 연습했다. 결국 매년 리코더로 두 명을 선발하는 한국예술종합학교에 입학했고, 군대에서도 공군악대에서 활동하면서 주목을 받기 시작했다.

이런 마인드의 소유자는 반드시 대성할 거라고 믿는다. 땀은 절대 배신하지 않는다. 선행은 선과를 낳고 악행은 악과를 낳는다. 하지만 이것만이 인과가 아니라 열심히 산 사람은 반드시 좋은 대가를 얻는다는 취지에서 이 연주가의 이야기를 소개하였다.

학폭 가해자, 음식을 나눠 준 여학생, 연주가의 이야기는 자신이 과거에 어떻게 행동했는가에 따라 미래가 결정된다는 것으로 정리된다. 성실함과 노력은 좋은 대가로 돌아오며, 타인에게 해를 끼친 행동 또한 반드시 응징이 따라오는 법이다. 이

법구경 마음공부

런 학폭 문제를 부각시켜 '아무리 철부지 때의 행동일지라도 어른이 되면 반드시 책임을 져야 한다'라는 것을 초중고 학생들에게 인지시켜야 한다고 본다. 비록 인격 형성되기 전이고, 선악 판단이 되지 않은 시절의 행동일지라도 다른 사람을 괴롭히는 것은 영혼을 파괴하는 행동이다. 일벌백계(一罰百戒)가 되어야 한다.

'세상에 공짜 점심은 없다(There is no such thing as a free lunch)'라는 말이 있다. 이 세상에 노력 없이 이뤄지는 것은 아무것도 없다는 뜻이다. 일에 있어서든 인간관계에 있어서든 자신의 선업만큼 선과(善果)가 따르고 악업만큼 악과(惡果)가 따른다는 점을 반드시 명심해야 할 것이다.

무소의 뿔처럼
혼자서 가라

나쁜 친구와 어울리지 말고,
저속한 사람과 벗을 하지 말라.
자신보다 훌륭한 사람을 가까이 하고,
뛰어난 사람을 벗으로 삼아라.
〈지혜로운 사람 이야기〉 78

부처님 재세시에 찬나(車匿)라는 비구가 있었다. 그는 부처님이 출가하기 전 태자 시절에 말을 관리하던 신하였다. 부처님이 출가해 성자가 되자 찬나 비구는 부처님의 제자가 되었다. 부처님의 옛 지인으로서 타의 모범이 되도록 행동해야 했지만, 찬나는 그러지 못했다. 그는 옛날 부처님의 신하였던 점을 빙자해 거드름을 피웠다. 그러면서 늘 이렇게 말했다.

"나의 주인님께서 출가하기 위해 왕궁을 떠나실 때 그분과 함께 숲속으로 갔었지. 바로 그때 오직 나만이 주인님의 친구였을 뿐 어느 누구도 그 옆에 없었다네. 그런데 지금에 와서는 사리불 존자와 목련 존자가 '부처님의 으뜸가는 제자다'라고 뽐내면서 사람들 앞에서 으스대는군. 말 그대로 꼴불견이야. 보기에 참으로 가관이군."

이럴 때마다 부처님께서 찬나 비구를 불러 훈계하고 조용히 타일렀다. 그는 부처님 앞에서는 "네"라고 대답하고, 되돌아나와서는 자신보다 뛰어난 비구들을 험담하고 다녔다. 또 그는 스님들 사이를 이간질했고, 딱히 이룬 것도 없으면서 자만감에 빠져 살았다. 이렇듯 승가에서 잡음을 일으켰기에, 찬나 비구의 허물은 매우 컸다. 부처님은 그를 세 번이나 불러 이렇게 타일렀다.

"찬나여! 그대보다 지혜가 높은 스님들을 우러러 모셔야 한다. 그들에게 배울 것이 있으면 반드시 배우도록 하라. 그리고 다 함께 출가 생활하는 사람들이니, 도반으로 잘 섬겨야만 한다."

이러한 훈계에도 그는 잘못된 행동을 멈추지 않았다. 시간이 흘러 부처님께서 열반하실 때가 되었다. 이때 부처님을 모시는 아난 존자가 이렇게 물었다.

"지금은 부처님께서 생존하고 계시어 찬나를 타이르지만, 부처님께서 세상에 계시지 않으면 찬나 스님을 우리가 어떻게 해야 합니까?"

부처님께서 이렇게 답변하셨다.

"내가 열반하고도 저 사람이 자기의 아만심(我慢心)을 꺾지 못하고 사람들을 험담하고 다니면, 모든 사람이 그에게 말을 걸지 말고 무시해 버려라(梵法罰, 범법벌)."

찬나는 부처님과 아난 존자의 대화를 전해 듣고 기절했다. 그 뒤로 그는 스님들에게 용서를 구하고, 열심히 수행해 큰 성자(아라한)가 되었다.

짧게 가려면 자만하고, 멀리 가려면 겸손하라

이 대목이 당황스럽게 느껴질 수 있다. 대부분이 부처님은 무조건 자비로운 분이라고 생각하기 때문이다. 하지만 그렇지 않다. 부처님께서는 교단의 규율 측면에서 엄격하셨다. 사실 부처님과 아난 존자가 나눈 이야기가 더 있다. 아난 존자는 부처님께 "그렇게 찬나 비구에게 말도 걸지 않았는데도 찬나 비구가 버릇을 고치지 못한다면 어떻게 해야 할까요?"라고 물었다. 이때 부처님께서는 "교단에서 쫓아 버려야 한다"라고 말씀

하셨다. [1]

찬나 이야기를 통해 다음과 같은 생각을 할 수 있다. 첫째, 본인이 해야 할 일은 하지 않고 과거 부처님과의 친분을 과시하며 자만하는 것이 얼마나 어리석은 일인가? 둘째, 자신의 실력은 쌓지 않은 채 남을 험담해서 군림하려는 모습은 또 얼마나 초라한가?

주변을 둘러보면 이런 부류의 사람들이 많다. 그러나 이는 자기 자신의 모습일지도 모른다. 사실이 아님을 버젓이 알면서도 타인을 비방하고 험담한다면, 당장은 과보가 없을지 몰라도 언젠가는 부메랑이 되어 돌아올 수 있다. 종교를 떠나, 인과는 반드시 드러나게 되어 있다. 하심(下心)하고, 겸손하자.

---

1   이 내용은 《대반열반경》에 소개되어 있다.

무엇을 취하고
무엇을 버릴 것인가

호화롭던 황제의 수레가 부서지듯
우리 몸도 늙으면, 형체가 썩는다.
오직 선업(善業)만이 고통을 벗어나는 길이다.
이런 말은 모든 성인들이 똑같이 하는 말이다.

〈늙음 이야기(老耗品)〉 151

　어느 해 비구 60명이 함께 결제하기로 약속했다. 이들은 부처님으로부터 좌선 수행에 관한 설법을 듣고 수행 주제를 받았다. 그리고 수행하기에 적합한 마티카 마을에 이르렀다. 그 마을 촌장의 이름이 마티카였는데, 마티카의 어머니는 60명 비구들에게 결제 기간 동안 공양 올리겠다고 자청했다. 그는 지금 나이로 80세가 넘은 나이였지만 스님들께 공양 올리는

　　　　　　　　　　　　　　법구경 마음공부

일에 마음이 지극했다.

결제 기간이 40여 일 지났을 때, 그는 스님들이 어떻게 좌선 수행을 하는지가 매우 궁금했다. 그리고 자신처럼 나이도 많은 일반인 또한 수행하면 해탈할 수 있는지 어느 스님께 여쭈었다. 스님은 "당연히 누구나 가능하다"고 하였다. 그날부터 그는 스님께 좌선하는 방법을 배웠고, 잠시도 쉬지 않고 수행해 아나함과²를 성취했다. 또한 이 노보살님의 공양 덕분에 60명의 비구도 수행을 잘 마칠 수 있었다.

위 이야기의 노보살님과 비슷한 분을 미얀마에서 만난 적이 있다. 10여 년 전 잠시 미얀마의 명상센터에 머물렀는데, 한국에 돌아오기 두 달 전에는 맬라민(Malamyine)에 위치한 파옥(Pa-Auk) 센터에서 수행하였다. 이 센터는 상주대중이 약 900명으로, 외국인만 500명이 넘게 거주하는 큰 명상도량이었다.

당시 머물던 숙소 옆에 베트남 샤알레이(스님이 아닌 여성 출가자) 두 분이 머물렀는데, 이들은 모녀지간으로 어머니는 80세가 넘었다. 어머니 샤알레이는 미얀마에 오기 전 신장암에 걸려 오래 살지 못한다는 사형선고를 받고, 몇 차례 대수술까지 치른 상태였다. 몸이 어느 정도 회복되자 그녀는 '죽기 전에 수

---

2 수다원, 사다함, 아나함, 아라한 네 단계 가운데 세 번째 깨달음의 경지

행하겠다'라는 서원(誓願)을 세웠고, 아들과 딸을 따라 미얀마로 와서 출가하였다(아들과 딸은 베트남에서부터 승려).

이 샤알레이는 수행하면서도 음식을 가려야 하며, 호스로 소변을 빼내야 한다고 하였다. 파옥 센터는 스승으로부터 수행의 진척을 인가받은 뒤 그 다음 단계 명상 주제를 받는데, 그는 아들·딸 스님보다 수행의 진척이 빨라 스승님으로부터 칭찬을 받았다.

한국에도 이와 같은 모습을 보여 준 분이 있다. 20여 년 전 입적한 일타(日陀, 1929~1999) 스님의 외증조할머니이다(일타 스님은 살아계실 때, 큰스님으로 존경받았다). 그 당시 할머니는 홀로 된 지 오래된 상태였다. 60여 세의 할머니는 아들 셋이 모두 사회적으로 성공했고, 자식들이 모두 효자였다. 무엇 하나 남 부러울 것이 없었다. 그러던 어느 날 비구니 스님이 탁발을 왔다. 할머니는 스님 바랑에 쌀을 넣으면서 자식 자랑을 늘어지게 하였다. 스님은 묵묵히 듣고 있다가 할머니에게 한마디 툭 던졌다.

"할머니, 자식 자랑도 지나치면 애착입니다. 죽어서 업이 됩니다."

업이라는 단어에 할머니는 자신도 모르게 소름이 돋았다. 할머니는 "그러면 어떻게 하면 좋겠냐?"라고 물었다. 그러자

스님은 할머니에게 지극정성으로 '나무아미타불'을 염하라고
하였다. 이후 할머니는 문을 걸어 잠그고 '나무아미타불'을 부
르기 시작했다. 할머니는 20년 가깝게 염불하였고, 88세로 돌
아가셨다.

그런데 할머니가 돌아가신 날 기적이 일어났다. 할머니를
모신 방에서 빛이 발한 것이다. 이 외증조모 이래로 일타 스님
의 일가친척 49명이 출가하였다.

'나는 나이가 많은데 공부를 하면 무슨 소용이 있겠나…'라고
생각하며 새로운 도전을 포기하는 사람들이 많다. 그러나 이
럴 때일수록 용기와 희망을 가져야 한다. 연로한 마티카의 어
머니, 베트남의 노(老)샤얄레이, 일타 스님의 외증조모 등은 현
대의 기준으로 80세가 넘은 분들이다. 불교 신자들을 예로 들
었지만, 종교를 떠나 나이가 들어서도 그 무엇이든 할 수 있다
는 신념을 가졌으면 한다. '안 된다'라는 생각(망상)이 자신을
망치게 한다.

노년에 버려야 할 것과 챙겨야 할 것

시대마다 삶의 방식이 다르고 사람마다 인생의 기준이 다르
다. 그러나 삶의 가치를 찾는 일은 시대를 초월한다고 본다.

우리나라 창 〈사철가〉 가사에 이런 내용이 있다.

"인간이 모두가 100년을 산다고 해도 병든 날과 잠든 날, 걱정·근심
다 제하면 단 마흔도 못 살 인생, 아차! 한번 죽어지면 다시 청춘은
어려워라."

인생은 짧다. 노년에는 명예와 욕심을 내려놓자. 그리고 취
미나 종교 생활, 또는 평소 관심이 있었지만 하지 못했던 일에
몰두하며 인생을 즐기자. 지금 이 글을 보는 순간부터 시작하
면 된다. 늦지 않다. 우리 모두 늙는다. 멋지게 늙어 가자.

법구경 마음공부

자신부터 다스려야
남을 다스린다

남을 가르치는 사람은
자신의 행위가 지도자로서 덕행이 되는지를
잘 살핀 뒤에 남을 지도해야 한다.
〈자신 이야기〉 159

　서두의 게송은 '스승된 사람은 위의와 덕행을 갖추고, 제자를 지도하라'라는 교훈을 담고 있다. 이와 관련한 떳사 비구의 이야기가 있다.

　빠다니까 떳사 비구는 500명의 제자를 지도하는 스승이었다. 그런데 그는 제자들에게 "열심히 정진하라"라며 훈계만 할 뿐, 정작 자신은 잠에 빠져 살았다. 제자들이 저녁 늦게 공부를 마치고 방에 들어가 잠을 청하려고 하면 "왜 그렇게 빨리

잠을 자느냐?"라며 좌선을 더 하라고 독촉했다. 할 수 없이 제자들은 스승의 말에 따라 좌선을 지속하였다. 그런데 정작 띳사 비구는 참선방에 보이지 않고 자기 방에서 늘어지게 잤다. 이런 일이 반복되자 제자들은 '저 스승이 우리들에게 이렇게 하면서 정작 자신은 수행하고 있는지?' 하고 의심하며 그를 조사하기로 했다.

제자들이 유심히 살펴보니, 스승은 게으르며 말만 그럴싸하게 하게 늘어놓는 사람이라는 사실을 알게 되었다. 띳사 비구는 스승으로서 신뢰감을 완전히 잃은 것이다. 이 500명의 제자들은 결제를 겨우 마치고 부처님을 찾아뵈었다. 그들은 부처님께 인사를 올린 뒤 자신들이 3개월간 겪었던 일을 보고하였다. 부처님께서 다 들으신 뒤에 이렇게 말씀하셨다.

"비구들이여, 훗날 너희들이 제자를 교육시키는 스승의 위치가 되면 먼저 자신을 엄격하게 단도리하고, 자기의 행동이 올바른지를 살핀 뒤에 지도하여라."

존경받는 리더란?

승려가 아닌 일반인 가운데 훌륭한 위치에 오른 사람을 소

법구경 마음공부

개하려고 한다. 북송 때 재상 범중엄의 이야기이다. 범중엄은 자신의 환경을 개척해 학문을 닦았고, 그 덕행이 후대까지 전하는 인물이다. 그는 강소성 소주 출신으로, 2세 때 부친을 여의고 모친이 개가해 잠시 다른 성을 썼다. 불우한 환경인 데다 집안이 너무 가난해 먹을 것이 없을 정도였다.

그런데도 그는 매일 죽 한 단지를 네 개로 나누어 가난한 이들에게 베풀었다. 그는 재상이 되어서도 소박한 생활을 지속하였고, 자신이 받는 봉급의 일부를 백성에게 베풀었다. 그는 늘 '천하가 걱정하기 전에 먼저 걱정하고, 천하가 즐거워한 뒤에 즐거워하라(先天下之憂而憂 後天下之樂而樂-岳陽樓記)'라는 가치관을 갖고 있었다.

이런 그에게 아들(요부)이 있었다. 어느 해 그는 아들 요부에게 그의 고향에 가서 보리 오백 섬을 가져오라고 하였다. 아들은 고향으로 가 보리를 배에 싣고 집으로 향했다. 마침 배가 단양에 정박했을 때 아들은 소싯적 친구를 만났다. 친구는 침통한 표정으로 그에게 말했다.

"부모님과 아내가 한꺼번에 죽어서 장례를 치러야 하는데 경제력이 부족하고 도와줄 사람이 없네."

아들은 그 말을 듣고 자신이 싣고 가던 보리를 모두 그에게 주었다. 그리고 집으로 돌아와 아버지에게 그간의 사정을 이

실직고하였다. 이 말을 듣고 범중엄이 말했다.

"매우 잘했구나. 어려운 친구를 도와주는 것은 당연한 일이다."

범중엄의 다섯 아들 중 둘이 재상이었는데, 이들도 가난하게 살았다. 범중엄이 죽었을 때 남겨 놓은 재산이 없어 관을 살 돈이 없을 정도였다고 한다. 근대의 큰스님인 인광(印光, 1862~1940)은 범중엄을 중국에서 공자 다음으로 위대한 인물이라고 칭송하였다.

역사가들은 범중엄에 대해 이렇게 말한다. "안으로 강직하고, 밖으로 온화해 백성을 두루 사랑했다. 어진 사람을 가까이 하고 널리 베풀기를 좋아했다." 그는 후손들에게 재산 대신 청렴과 덕행을 남겼다. 그의 가문은 1900년대 초기까지(800년간) 번창했다.

여기서 범중엄을 소개하는 이유가 있다. 자신이 조금 손해를 보더라도 사람들에게 베푸는 공덕에 대해 말하고 싶어서이다. 그의 덕행과 청렴한 삶은 후대에도 본받아야 할 자세로 언급되며 존경받고 있다.

왜 작은 선행을
가벼이 여기는가

'이 정도의 행동은 업보가 되지 않겠지'라고 생각하고,
나쁜 행동을 가벼이 여기지 말라.
한 방울 한 방울이 비록 적을지라도
한 방울 한 방울이 모여 큰 항아리를 채운다.
소소한 악행들이 하나하나 쌓여 큰 죄악이 된다.
〈악행 이야기〉 121

　부처님 재세시 이런 비구가 있었다. 이 비구는 의자나 공구
등 물건을 사용한 뒤에 함부로 밖으로 내던졌다. 또한 음식물
이나 각종 쓰레기를 함부로 버렸다. 그러다 보니 음식물 찌꺼
기에서 벌레가 들끓기도 했다. 어느 경우는 버린 물건에 개미
떼가 붙어 있을 정도로 주변 환경이 지저분했다. 주변 스님들

이 이를 참을 수가 없어 "그렇게 하지 말라"라고 말하면, "의도적으로 그런 것이 아니다"라며 변명했다. 어느 때는 "크게 피해를 주는 것도 아닌데, 그런 사소한 일로 잔소리한다"라며 오히려 역정을 내었다. 부처님께서 그 사실을 알고, 그를 불러다 말씀하셨다.

> "비록 사소한 행동일지라도 남에게 피해를 주거나 좋지 못한 행동을 계속하면 습관이 된다. 그리고 그 습관이 쌓이면 악업이 형성되고, 악업이 쌓이면 과보가 따른다."

이렇게 말씀하신 뒤 "작은 악행이 쌓이면 큰 악업이 된다"고 하셨다. '남들은 모르겠지!'라고 생각하겠지만, 아무리 사소한 일이라도 결국 다 알게 되어 있다. 그래서 좋은 습(習)을 들이는 일이 중요하다.

작가로서 원고를 쓴 지 20년이 넘었다. 어떤 원고든 쓸 때마다 고심한다. 미국의 헤밍웨이도 '글쓰기만큼은 매우 어려운 일'이라고 하였다. 그런데 글을 작성하면서 의도하지 않았던 내용을 서술할 때가 있다. 내 마음 속 어딘가에 있다가 원고에 자연스럽게 등장하는 내용들이 있다. 그래서 늘 글자를 눈여겨본다. 지하철 내에 좋은 문구가 있으면 '스쳐 지나치며 한번

법구경 마음공부

보는 것도 공부'라고 생각해 꼭 눈여겨본다. 이외에도 어떤 문구든지 습관처럼 그냥 한번 읽어 둔다. 바로 이런 경험들이 원고를 쓰는 도중 무심결에 글로 표현된다. '도대체 어디에 숨어 있다가 나타나는 걸까?'라고 자신에게 의문을 던진다.

오래 전에 한 불자님으로부터 그의 시어머니 이야기를 들은 적이 있다. 시어머니는 당시 80세 중반이 넘어 치매가 왔다. 시어머니는 어린 나이에 시집을 와서 가족을 위해 헌신했고, 다행히 자식들도 장성해서 모두 다 잘살고 있었다. 시어머니는 60세가 넘어 소일거리로 경로당에서 친구들과 고스톱을 쳤다. 20년 가까이 고스톱을 치다 보니 이 방면에는 시어머니를 따를 사람이 없었다. 그런데 현재 치매로 자식들도 못 알아보면서 고스톱 치는 흉내를 내거나 시도 때도 없이 고스톱할 때 쓰는 단어를 말한다고 하였다.

평소 자신이 자주 익혔던 행동이나 말, 또는 살아오면서 상처받았던 일 등이 치매를 앓는 중에 노출된다고 한다. 이는 누구에게나 닥칠 수 있는 문제다. 시어머니가 20년 동안 아미타불이나 관세음보살 등 염불을 했다면 정신 줄이 놓아진 상태에서도 부처님 명호를 부르지 않았을까? 무심결에도 염불할 수 있을 정도로 습관이 되어 있어야 제대로 된 불자이다. 이런 점은 어느 종교나 마찬가지라고 본다.

또 다른 이야기를 살펴보자. 종종 살인 현장을 본 목격자가 그 장면을 기억하지 못할 때 최면요법 등을 이용해 당시 상황을 떠올리게 하기도 한다. 살인 현장을 20년 전에 목격한 목격자가 수면을 통해 그 당시의 범행 장소나 자동차 번호까지 떠올리는 경우도 있다. 이는 평소에 드러나지는 않지만, 그 사람의 뇌나 마음 속 어딘가에 저장되어 있던 것이 어느 시점에 자극을 받아 드러나는 것이다. 불교에서는 이를 "식(識)에 저장되어 있다"라고 말한다. 여기서 식이란 유식학(唯識學)에서 활용되는 단어인데, 일반적으로 마음이라고 보면 된다.

《법구비유경(法句譬喩經)》에 '향을 싼 종이에서 향내가 나고, 생선을 싼 종이에서 비린내가 난다'라고 하였다. 우리가 평소에 그냥 스치듯이 보고 듣지만, 그 자체가 자신의 업을 형성해 간다. 그래서 가능한 좋은 말만 듣고, 좋은 것만 보아야 한다. 평소 좋은 훈습(薰習, 신구의身口意 3업을 좋은 쪽으로 습관 들이는 것)을 들인 만큼 자신의 인식 또한 밝은 지혜로 전환될 것이다.

티베트 격언에 '어린 아이가 불교 진리를 배우면 나쁜 길로 빠지지 않고, 노인이 불법을 배우면 치매에 걸리지 않는다'라는 말이 있다. 좋은 쪽으로 습관 들이는 것! 질적인 삶을 위해 꼭 필요하다. 원고 서두의 게송과 대비되는 게송을 소개하며 이 글을 마친다.

'이 정도의 좋은 행동은 복덕이 되지 않겠지'라고 생각하고,

작은 선행을 가벼이 여기지 말라.

비록 한 방울 한 방울이 비록 적을지라도

한 방울 한 방울이 모여 큰 항아리를 채운다.

소소한 선행들이 쌓이고 쌓이면, 복을 받는다.

《법구경》〈악행 이야기〉 122

건강해야
모든 것을 할 수 있다

우리가 소유한 것 가운데 건강은 최상의 큰 이익이요,
만족은 가장 큰 재산이며,
누군가를 믿고 의지함은 가장 귀한 벗이고,
열반은 최고의 행복이다.
〈행복한 삶 이야기〉 204

부처님 재세시에 이런 일이 있었다. 파사익왕이 인도 사위
성을 다스리고 있을 때 일이다. 파사익왕은 음식을 즐겨 먹는
미식가이자 대식가였다. 식사 때마다 혼자 쌀 두 되 반가량을
먹었으며, 반찬도 야채보다는 육류나 생선이 주류를 이루었
다. 항상 이렇게 식사를 하다 보니 몸이 비대해졌고, 건강에도
문제가 생겨 왕비와 대신들이 걱정이었다.

어느 날 파사익왕이 부처님을 만나기 위해 기원정사로 찾아갔다. 당시 부처님은 사람들에게 진리를 설하고 계셨다. 파사익왕 또한 사람들과 함께 설법을 들었다. 그런데 그는 식곤증으로 자신의 큰 몸을 앞뒤로 흔들며 설법하는 내내 졸았다. 부처님께서는 파사익왕의 이런 모습을 여러 번 보셨던 터였다. 부처님께서 설법을 마친 뒤 국왕에게 말씀하셨다.

"대왕이여, 앞으로 대왕의 밥을 지을 때는 한 홉씩 줄여서 음식을 하라고 명을 내리세요. 대왕께서도 매 식사 때마다 양을 조금씩 줄여 보세요. 식사가 끝날 쯤에는 마지막 밥 한 숟가락을 남기는 습관을 들여서 식사 양을 줄여 나가세요."

그 뒤로 파사익왕은 조금씩 식사량을 줄여 나갔다. 몇 달이 지나자 몸이 가벼워지면서 건강도 좋아졌다. 조회 시간에 대신들과 맑은 정신으로 국정을 논할 수 있게 되었으며, 왕궁의 분위기도 좋아졌다. 사위성은 점차 부강한 나라로 발전해 갔다. 왕이 부처님을 찾아가 말했다.

"부처님 충고대로 식사 양을 줄여 건강해졌습니다. 졸음에 시달리지 않고 맑은 정신을 유지할 수 있게 되었습니다."

이때 부처님께서 하신 말씀이 서두의 게송과 같다. 《법구경》 제325번 게송에도 다음과 같은 이야기가 있다.

"살찐 돼지가 울타리 안 흙먼지 속에서 뒹굴 듯, 먹는 것에 탐욕이 들려 뒹굴뒹굴 누워만 지낸다면 결코 생사윤회에서 벗어날 수 없다."

이는 파사익왕을 묘사한 것이다.

건강을 되찾는 간단한 방법

1950, 1960년대 한국에는 보릿고개가 있었다. 당시 배를 굶주린 사람이 많았고, 잘 먹지 못해서 결핵 환자도 많았다. 반면 현대에는 과하게 먹어서 건강을 잃는 사람이 많다.

음식 조절은 승려가 수행하기 위한 필수요건이다. 이는 욕심을 줄이기 위한 첫 번째 단계라 할 수 있다. 인도에서는 승려들이 정오 12시 이후로 식사를 하지 않는다. 이를 오후불식이라고 한다. 또한 수행하는 승려들이 지켜야 할 청규(淸規)에는 '아침에는 죽을 먹어야 한다'라는 계율까지 명시되어 있다.

이러한 생활 양식도 무소유(無所有)를 위한 자세라 본다. 이는 스님에게만 한정되는 이야기가 아니다. 의사들이 말하는 장수요건에서 항상 빠지지 않는 항목이 소식(小食)이다. 장수까지는 아니더라도 남은 생을 행복하게 살고 싶다면 지금부터라도 건강을 챙겨야 한다. 건강이 받쳐 주어야 돈도, 명예도 얻을 수

있는 법이다. 건강을 잃으면 모든 것을 다 잃는다. 소식으로
건강을 되찾자!

모든 것은 '윤회'함을
잊지 말라

살면서 나쁜 행동만 하는 사람은 현세에 후회할 일만 생기고,

다음 생도 당연히 힘겹게 산다.

'내가 악업을 지었다'는 것에 스스로를 힘들게 하고,

지옥에 떨어져 고통 받는다.

〈대구 이야기〉 17

살면서 좋은 행동하고 두루 베푸는 사람은 현세도 좋은 일만 생기고,

다음 생도 행복하게 산다.

자신이 '선업을 지었다'는 것에 스스로 만족스러워 한다.

〈대구 이야기〉 18

부처님께서는 '6념(六念)'을 강조하셨다. 6념이란 부처님·진리

(法)·스님을 믿고, 보시하며, 청정하게 산다면 하늘세계에 태어

난다는 사상이다. 당시 부처님께서 재가불자들에게 미래생을 말씀하신 것은 사실이다. 하지만 이는 미래생을 강조한 것이라기보다는, 현세의 삶이 다음 생으로 연결됨을 염두에 두고 '현재에 바르게 살 것'을 강조한 것이다.

이처럼 불교는 윤회를 믿는다. 그런데 어느 세계를 윤회한다는 것인가? 바로 앞에서 몇 번 언급했던 6도(58쪽 참고)이다. 우리 인간이 살고 있는 세계는 다섯 번째 인계(人界)이고, 천계(天界)는 인간 세상보다 고통이 없는 세계를 말한다.

10여 년 전 잠깐 중국에 머물 때 보았던 연속극에 이런 내용이 있었다. 남녀 주인공은 과거 500년 전에 만났던 연인으로, 현생에 또 인연이 얽혀 있었다.

근자에 우리나라에서도 이런 주제로 영화나 연속극이 많이 방영되고 있다. 이 가운데 큰 인기를 얻어 속편까지 나온 〈신과 함께〉라는 영화가 있다. 망자가 여러 지옥을 거치는 과정을 표현하면서 과거·현재·미래를 오가는 것을 주제로 한다. 인간답게 살지 못하면, 죽어서 49일을 지나는 동안 지옥을 체험한다는 권선징악 사상을 보여 준다. 지금까지 말한 내용을 불교용어로 축약해 말하면, 인과업보에 따른 윤회라 표현한다.

노력과 재능의 상관관계

종종 신기한 일들을 본다. 모차르트는 5세 때부터 천재적으로 피아노 건반을 쳤고, 7세 아이가 음악을 배우지도 않았는데 작곡을 하기도 한다. 또 우리나라에서도 외국어를 배운 적이 없고, 타국에 가보지도 않은 어린 10대 학생이 수여 개국 언어를 구사하는 경우가 있다. 이런 일련의 일들이 비일비재하다. 의학과 과학이 발달한 세상에서 윤회를 무조건 받아들이라고 권장하지는 않지만, 윤회가 아니라면 일어나기 어려운 일이라는 생각이 든다. 이를 어떻게 볼 것인가?

사람마다 능력과 끈기가 다르다. 예술·체육·학문 등에 뛰어난 경우, 오로지 현생에서 학습해 얻은 결과물이 아니라 과거생(過去生)부터 쌓은 습(習, 業, 경험)이 함께 뒷받침한 것이라고 본다.

강의를 하다 보면 수강생 중에서도 지식을 쉽게 습득하는 사람이 있는 반면, 공부에 속도가 전혀 나지 않는 이도 있다. 이 또한 신체적인 능력과 함께 전생에서 습득한 경험이 좌우한 결과라고 본다. 이런 것을 불교에서는 '선근(善根) 공덕'이라고 한다.

한편, 나쁜 습도 그러하다. 성범죄로 감옥을 제집 드나들 듯하는 사람도 어찌 보면 전생에 익숙하게 발달시킨 분야를 반복하고 있는 것이라 생각한다(그래서 죄는 미우나, 인간적으로는 안쓰럽다).

이처럼 현재 살고 있는 인생이 끝이 아니다. 지금 이 생에 심어 놓은 것들이 다음 미래생의 결과로 나타난다. 즉, 현생에 어떤 분야에서 열심히 노력을 쌓았다면 다음 생에는 그 분야에 한해 남들보다 훨씬 뛰어날 수 있다. 이렇듯 죽음은 삶의 끝이 아니라, 한 생을 완결한 뒤 다시 새로운 삶을 부여 받는 변환점이다.

안중근 의사는 하얼빈에서 일본의 이토 히로부미를 저격한 일로 사형을 선고받았다. 의사는 1910년 3월 26일 뤼순감옥에서 죽음을 맞이했다. 형무소에서 사형 집행인이 집행 직전에 안중근 의사에게 "무엇을 꼭 하고 싶냐?"라고 물었다. 이때 의사는 이렇게 말했다.

"5분만 제게 시간을 주십시오. 아직 미처 책을 다 읽지 못했습니다."

안중근 의사의 죽음을 대하는 태도에 탄복하지 않을 수 없다. 안중근 의사는 죽음은 끝이 아니라 미래로 연결된다는 점과 더불어 그 한 순간의 삶도 그만한 가치가 있다는 것을 아신 듯하다. 경전에 이런 내용이 있다.

내가 전생에 어떤 존재였는지를 알고자 하는가?

현재 살고 있는 자신의 힘든 삶이 바로 전생의 업에 대한 결과이다.

또 다음 생에 어떤 존재로 태어나고 싶은가?

지금 짓고 있는 행위(원인)가 바로 다음 생을 결정짓는다.

(欲知前生事 今生受者是 欲知來生事 今生作者是)

《삼세인과경(三世因果經)》

불자가 아닌 분들은 생각이 많이 다를 수 있다. '불교 윤회설이나 인과 업설이 최고 진리이니 믿으라'라고 주입시키려는 뜻은 전혀 없다. 다만 불교의 이런 윤회와 업설을 통해 현재의 삶이 얼마나 중요하며, 다른 이들에게 해 끼치지 않고 사는 것 또한 얼마나 중요한지 인식했으면 한다.

법구경 마음공부

제7장

"항시 끝을
생각하라"

후회 없이 살게 할 부처의 가르침

왜 진작 두려워하지
않는가

예쁜 꽃을 따 모으는 일에만 급급한 사람은
그의 욕심이 채워지기도 전에 죽음이 그를 데려간다.
〈꽃 이야기〉 48

일본 18세기 무소유 정신으로 청빈하게 살다간 선사가 있다. 료칸(良寬, 1758~1831)이라는 선사로, 서정 시인으로도 유명한 인물이다. 료칸 선사에게는 방탕한 생활을 하는 조카가 있었다. 그는 도박으로 재산을 탕진하는 것도 모자라 나쁜 짓만 골라 했다.

이를 보다 못한 그의 부모는 료칸 선사에게 '조카가 새로운 인생을 살도록 훈계해 달라'라는 편지를 보냈다. 그리고 심부름을 보내는 것으로 가장하여 아들을 료칸 선사의 사찰로 보냈다. 부모의 의중을 몰랐던 조카는 어쩔 수 없이 선사와 함께 하룻밤을 지냈다. 선사는 조카에게 훈계를 하지 않았고, 가만히 앉아서 좌선만 하였다. 다음 날 아침, 선사는 밖으로 나가면서 조카에게 이렇게 말했다.

"세월은 덧없이 흘러가는구나. 과거에는 이처럼 힘들지 않았는데, 나이가 드니 손이 떨려서 짚신 끈 하나 매는 것도 힘이 든다. 애야, 이리 와서 내 짚신 끈 좀 매 주려느냐?"

조카가 짚신 끈을 매어 주자, 선사는 조카를 그윽히 바라보며 말했다.

"고맙다. 네가 나를 보았듯이 사람이란 하루하루 늙어가고 점점 쇠약해진다. 세월이 후딱 지나간다. 너도 이렇게 되기 전에 부지런히 공부하거라."

조카는 료칸의 짧은 가르침을 듣고 개과천선했다고 한다.

내일 당장 죽는다는 생각으로 살아야 한다

호스피스 일을 하는 의사나 간호사들의 경험을 담은 수필이 오랫동안 큰 인기를 누려 왔다. 호주 출신의 작가 브로니 웨어는 자신의 책 《내가 원하는 삶을 살았더라면》에서 이러한 경험을 풀어냈다. 한때 요양원 말기 암 환자 병동에서 일했던 작가는 병으로 고통받으며 죽어 가는 이들의 마지막 끝자락을 함께하면서 자신도 많은 것을 배웠다고 토로했다. 그는 환자들이 죽음 목전에서 후회한 내용을 대략 다섯 가지로 정리했다. 내가 삶에서 원하는 대로 살아오지 못한 점, 성취 욕구에 비중을 두어 일만해서 자신을 돌보지 않은 점, 부모·가족·친구에게 진심(盡心, 정성과 사랑)을 표현하지 않은 점, 자신의 인생에 도움 준 선지식에 감사를 전하지 않은 점, 돈에 급급해 (행복을 위해) 노력하지 않은 점 등이다.

죽음의 목전에 있다고 가정해 보자. 현재 그대는 다섯 가지 중 몇 가지에 해당하는가? 단 한 번도 이러한 느낌을 받은 적이 없거나, 생업이 바빠 생각할 틈조차 없었던 사람도 있을 것이다. 반대로 다섯 가지 내용 모두를 절실하게 받아들이는 사람도 있을 것이다. 만약 후자라면, 인생을 살아 온 깊이에 따라 받은 느낌의 정도가 다를 것이라 본다.

참 모순적이다. 사실 이는 누구나 살면서 한 번쯤 겪을 감정이다. 누구에게나 마지막 지점이 있기 때문이다. 그런데도 왜 우리는 이를 남의 일처럼 생각할까? 필자의 경우 앞의 내용 가운데 두 번째인 '성취 욕구에 비중을 두어 일만해서 자신을 돌보지 않은 점'이 유독 눈에 밟힌다. 스님으로서 당연한 일일지도 모르지만, 책과 불교학에 지나칠 만큼 욕심이 과했다.

대인관계를 중시하지 않았고, 일과 상관없는 다른 일에는 신경을 쓰지 않았다. 또한 건강을 신경 쓰지 않아 병을 키웠다.

엘리자베스 퀴블러 로스의 《인생수업》에도 임종을 앞둔 환자들이 무엇을 후회하는지 구체적으로 담겨 있다. '난 한 번도 내 꿈을 추구해본 적이 없어', '난 내가 하고 싶은 것을 해 본 적이 없어', '난 돈의 노예로 살았어' 등이다. 죽음을 앞둔 이들은 고급차, 넓은 저택, 거액 연봉 등 더 많은 물질을 갖지 못한 것을 후회하지 않았다. 이러한 이야기는 우리 모두에게 해당하는 이야기이지만, 대부분이 남 이야기처럼 대하고 물질적인 욕망을 채우는 데 더 집중한다.

'어느 날 갑자기(죽음)'는 늘 내 집 문턱에서 기다리고 있다. 티베트인들의 구전(口傳) 격언에 이런 내용이 있다.

"살아 있는 동안에 죽음을 두려워하지 않다가
죽을 때가 되어서야 두려워하는 것보다,
살아 있는 동안에 죽음을 두려워하고
죽을 때 두려워하지 않는 것이 훨씬 값지다."

어떻게 사는 것이 최상의 삶일까? 첫째, 사는 동안 최대한 건강을 유지하자. 그래야 희망을 꿈꿀 수 있다.

법구경 마음공부

둘째, 행복은 저 끄트머리 목적지에 존재하는 것이 아니라는 사실을 기억하자. 인생의 모든 과정이 행복 지점이요, 매순간 그대가 서 있는 곳에 극락이 있다. 이와 같은 태도로 산다면 인생이 마무리될 때 죽음은 그대의 친구가 된다.

열과 성을 다해
준비하라

젊어서 청정한 수행도 하지 않고, 또 재물도 모으지 못했다면
힘이 다해서 땅에 푹 떨어지는 화살처럼
(늙어서) 지난 세월을 뉘우치며 한숨짓는다.
그때서야 그런들 무슨 소용이 있겠는가!

〈늙음 이야기〉 156

고대 인도 바라나시에 어마어마한 갑부가 살았다. 그 집안은 조상 대대로 잘살았던 터라 일하지 않아도 평생 살 수 있는 가문이었다. 어느 날 이 집의 외동아들이 비슷한 가문의 여인과 결혼했다. 젊은 부부는 양쪽 모두 부자인데다 상속받은 재산도 많았다. 부부는 전혀 일을 하지 않았고, 흥청망청 돈을 낭비했다.

법구경 마음공부

문제는 부부가 똑같이 도박으로 재산을 탕진하면서 시작되었다. 그 많던 재산이 점점 바닥나기 시작했고, 땅문서와 집문서를 저당 잡혔다. 가구나 집안의 가보까지 내다 팔았지만, 결국 이들은 알거지가 되어 구걸하는 신세가 되었다. 부부가 젊을 때 함께 놀던 친구들에게 도움을 요청했지만, 그들은 도와주지 않았다. 이 부부는 젊은 시절 하인들이나 지인들에게 매우 인색했다.

거지가 된 노년 부부는 사찰 부근에서 구걸하며 살았다. 부처님께서 그 모습을 보고 제자인 아난에게 말씀하셨다.

"저들이 젊을 때 수행을 열심히 했더라면 지금쯤이면 매우 높은 깨달음의 경지에 이르렀을 것이다. 혹 저들이 젊을 때, 재산을 유지하기 위해 생산 활동을 열심히 했더라면 나이 들어서 저렇게 구걸하지 않을 것이다"

앞에서 소개한 내용은 《법구경》에 있는 내용으로 2,600여 년 전 고대의 일이다. 사실 현대에도 이런 일이 비일비재하다. 수년 전 어느 70대 할머니가 20대 후반의 아들 부부에게 살해당한 사건이 있었다. 아들 부부는 도박 빚을 지고 있어 모친에게 돈을 달라고 요구했다. 그러나 모친이 응하지 않자 결국 모친을 살해했다.

여기서 강조하고 싶은 것은 노년에 가져야 할 태도가 아니다. 그 어떤 것이든 젊을 때 준비해 두어야 한다는 것이다. 예를 들어 노후대책이 그러하다. 이는 미리 갖추지 않고 늙어서 준비하면 늦는다.

무상하다고 삶이 슬픈 것은 아니다

또 무엇을 미리 해야만 하는지 몇 가지 방법을 더 들어 보겠다. 우선, 풍부하고 깊은 정신세계를 만들기 위해 노력해야 한다. 젊을 때 미리 독서하는 습관을 들여야 나이가 들어서도 책이 읽힌다.

그 어떤 정신적인 추구도 마찬가지다. 여기서는 불교 공부로 한정해 보자. 《무량수경(無量壽經)》에 '죽기 바로 직전, 열 번만 아미타불을 부르면 극락세계에 왕생할 수 있다'라는 내용이 있다. 이는 중세시대 유럽 교회에서 면죄부를 팔았다는 것과 다를 바 없게 들린다.

그러나 이는 오해이다. 마음 닦는 염불을 하는 것도 습관으로 배어 있어야 죽음 앞에서도 갈팡질팡하지 않고 저절로 욀 수 있다. 바로 이처럼 준비를 해 두면 두려움 없이 세상을 떠

법구경 마음공부

날 수 있음을 의미하는 것이다.

《밀린다왕문경(Milinda王問經)》에도 이와 비슷한 내용이 있다. 밀린다왕[1]이 "수행자들이 수행의 높은 경지(해탈)를 얻으려면 어떻게 해야 하느냐?"라고 질문했다. 이때 나가세나 존자가 이렇게 답했다.

> "목이 말라 물 마시고 싶다고 그때부터 우물을 파서는 안됩니다. 곧 목마를 때를 대비해 미리미리 우물을 파 놓아야 합니다. 또 배가 고플 때 밭을 갈고 논에 곡식을 심으면 안 됩니다. 농사를 지어 수확한 곡식을 저장해 두어야 배고플 때 밥을 지어 먹을 수 있습니다. 이처럼 젊은 시절에 열심히 노력하면, 반드시 나이 들어 해탈할 수 있는 것과 같습니다."

둘째, 젊을 때 주변에 보시를 많이 하고 지인들에게 덕(德)을 심어야 한다. 앞의 이야기에 나온 부부는 그러지 못했다. 남에게 평소에 잘해야 힘겨운 일이 있을 때 도움 받을 수 있다. 이 또한 인과의 원리이다.

---

1   알렉산더가 인도 북부를 정복한 이후 그리스 왕들이 기원전 3세기부터 서기 1세기까지 인도 북부를 다스렸다. 이 경전은 서양의 그리스 왕과 동양의 나가세나 존자의 문답 형식으로 구성되어 있다.

셋째, 열과 성을 다해 경제력을 갖추어야 한다. '항산(恒産)이면 항심(恒心)'이라는 말이 있다. 생산해 놓은 것이 있어야 마음도 항상(恒常)함을 유지하는 법이다. 경제적인 문제가 해결되어야 노년도 편안히 보낼 수 있지 않을까? 어떻게 해야 할지 막막하다면, 앞의 부부처럼만 살지 않으면 된다.

부처님께서 열반하기 직전, 마지막으로 제자들에게 이런 말씀을 하셨다.

"아난이여! 내가 떠난다고 한탄하거나 슬퍼하지 말라. 아무리 사랑하고 좋아할지라도 이별하고 헤어지는 때가 있느니라. 이 세상 모든 것들은 영원한 것이 하나도 없다. 이 세상 모든 것은 무상하다. 게으름 피우지 말고, 열심히 정진하라."

무상하다고 노년의 삶이 슬픈 것은 아니다. '무상 진리'의 참맛을 느끼고, 평생의 삶을 되돌아보며, 인생을 즐기는 시기가 노년이라고 본다. 그러기 위해서는 조금이라도 젊을 때 준비를 시작해야만 한다.

법구경 마음공부

삶과 죽음 사이의
간격

예쁜 꽃을 따는 일에만 급급한 사람은
밤새 홍수에 마을이 떠내려가듯이,
죽음이 그를 잡아 삼킨다.
〈꽃 이야기〉 47

앞에서 설명했듯(10쪽 참고) 《법구경》 경전은 스물여섯 가지의 주제로 구성되어 있다. 여러 주제 가운데 서두의 제47번 게송은 '꽃'을 주제로 한 〈꽃 이야기〉에 속한다. 《법구경》에는 인간의 늙음과 죽음을 한 순간 잠깐 피었다가 사라지는 꽃에 비유하는 내용이 대부분이다.

앞의 게송 또한 인생을 흥청망청 사는 사람의 모습을 '꽃잎 따는 일'에 견주어 말하고 있다. 음주가무에 빠져 살며 자신도 모르게 세월에 떠밀려 죽어 가는 사람을 예로 들어, 짧은 인생을 함부로 낭비하지 말고 진지하게 살라는 교훈을 전한다. 《사십이장경》에도 이와 비슷한 내용이 있다.

부처님께서 여러 제자들에게 이런 질문을 하셨다.

"비구들이여, 삶과 죽음이 어느 간격에 있다고 생각하느냐? 누구든 대답해 보아라."

한 제자가 답했다.

"며칠 사이에 있습니다."

또 한 제자는 '하루 사이'라고 답했고, 또 한 제자는 '밥 먹는 사이'이라고 했다. 마지막 한 제자가 답했다.

"사람의 목숨은 호흡과 호흡 사이에 있습니다."

부처님께서 마지막으로 대답한 제자를 칭찬해 주었다.

내쉬는 숨을 호(呼)라고 하고, 들여 마시는 숨을 흡(吸)이라고 한다. 숨을 내쉬고 난 뒤에 들여 마시지 못하면 삶과 죽음이 갈라지는 것이다. 결국 삶과 죽음의 경계선이 바로 '호흡'이다. 용수 보살[2]도 《벗에게 보내는 서신》에서 '오늘 저녁 깊이 잠들

---

2 대승불교 반야사상을 완성한 스님으로, 중국에서는 8종(삼론종, 법상종, 천태종, 화엄종, 밀교, 율종, 정토종, 선종)의 조사(祖師)라고 한다.

지만, 내일 무사히 일어날지는 아무도 모른다'라고 하였다. 죽음 앞에서는 노소(老小)와 차례가 없다. 지금 우리는 어제 죽어가던 누군가가 간절히 원했던 그 하루를 누리며 살고 있다. '찰나'인 삶이 허무하다고 생각할 수도 있다. 그러나 여기서 말하는 것은 삶의 모든 순간을 소중하게 여기며 살라는 것이다.

살면서 절대 소홀히 해서는 안되는 단 한 가지

불교에 인간의 죽음과 삶을 실체에 비유해 설명하는 내용이 있다. 어떤 사람이 황량한 길을 걷고 있는데 갑자기 뒤에서 술에 취한 코끼리가 쫓아왔다. 그가 놀라서 부랴부랴 도망가던 중 우물에 빠졌다. '코끼리로부터 안전하게 되었다'라고 안심하며 아래로 내려가려고 보니, 우물 밑에는 네 마리의 독사가 엉켜서 우글거리고 있었다.

그는 엉겁결에 우물의 돌 틈에 있는 칡넝쿨을 붙잡았다. 밑에는 네 마리의 독사가, 위에는 미친 코끼리가 딱 버티고 서 있었다. 죽지 않으려고 칡넝쿨에 의지해 있는데, 이 또한 의지할 수 없게 되었다. 검고 흰 두 마리 쥐가 칡넝쿨을 갉아 먹고 있기 때문이었다. 진퇴양난에 빠져 '더 이상 희망이 없구나'라고 절망하고 있는데, 붙잡고 있는 칡넝쿨에서 꿀이 똑똑 떨어졌다. 그는 위급한 상황인데도 칡넝쿨에서 떨어지는 꿀을 마시며 그 달콤한 맛에 취했다.

위의 내용은 《불설비유경(佛說譬喩經)》에 나오는 '안수정등(岸樹井藤)'이라는 비유이다. 황량한 들판길이란 우리가 살고 있는 이 세계, 우물에 빠진 사람은 중생들, 술에 취한 코끼리는 우리를 늘 불안하게 하는 죽음을 의미한다. 또한 네 마리의 독사는 육신을 구성하고 있는 지수화풍(地水火風), 즉 4대(四大)를 뜻한다. 검은 쥐와 흰 쥐는 세월(낮과 밤), 칡넝쿨은 죽지 않고 살겠다는 삶의 애착, 꿀은 인간의 다섯 가지 욕망(재산·수면·성욕·명예·식욕)을 비유한다. 죽음이 성큼성큼 다가오는데도 이를 알아차리지 못한 채 욕망의 늪에서 허우적대며 사는 인간의 모습을 묘사한 것이다.

주변에서 종종 "젊을 때는 세월이 천천히 가는 것 같은데, 나이가 들어서는 세월이 너무 빨리 간다"라는 말을 듣는다. 필자도 이 말이 이해된다. 과거나 지금이나 물리적인 시간의 양은 같다. 그럼에도 세월이 흘러가는 속도를 다르게 느끼는 데는 이유가 있을 것이다. 앞만 보며 바쁘게 살았는데, 남은 세월이 얼마 되지 않는다고 생각하니 괜히 마음이 더 바빠져서 그런 것이 아닐까?

수년 전 인도 배낭여행을 준비한 적이 있었다. 인생의 마지

법구경 마음공부

막 배낭여행이라는 생각에 마음이 들뜬 상태로 자료를 정리하고 밑반찬 등을 준비했다. 그러나 인도행 비행기를 타기 일주일 전에 받은 건강검진에서 위에 좋지 않은 친구(암덩어리)가 자리 잡은 것을 발견했다. 결국 인도가 아닌 병원에 캐리어 가방을 들고 가 입원했다. 이때가 50대 중반이었다.

이때 다음과 같은 사실을 뼈저리게 느꼈고, 지금도 이를 되새기며 살고 있다.

'죽음이 늘 옆에 가까이 있다'

언제 늙음과 죽음이 찾아올지 모른다는 현실. 그리고 이 사실을 절대 소홀히 해서는 안 된다는 것을….

걱정할 시간에
집중하라

허공도 아니요, 바다도 아니다. 깊은 산 바위틈에 숨어도
'죽음'이 미치지 않는 곳은 이 세상, 어디에도 없다.

〈악행 이야기〉 128

한 마을의 갑부이면서 유지인 장자가 있었다. 그 장자는 하
인 한 사람과 함께 정원을 거닐고 있었다. 그런데 갑자기 하인
이 비명을 질렀다. 그는 저승사자를 만났는데, 저승사자로부
터 "잠시 후에 데려가겠다"라는 말을 들은 것이다. 하인은 장
자에게 "말 한 마리만 빌려 달라"라고 간청했다. 하인은 오늘
밤에 가장 빠른 말을 타고 멀리 북쪽으로 도망가겠다는 계획
을 세운 것이다. 장자는 흔쾌히 말을 빌려주며 "가능한 멀리
도망가라"고 하였다. 장자가 하인을 배웅하고 발길을 돌려 집

안으로 들어가던 중 저승사자를 만났다. 장자는 저승사자를 보자마자 앞뒤 가리지 않고 따져 물었다.

"왜 내 하인에게 겁을 주고 그러느냐?"

그러자 저승사자가 억울하다는 듯이 말했다.

"저는 그를 위협하지 않았습니다. 오늘 밤에 저 북쪽 지역에서 만나자는 약속을 했을 뿐입니다. 그런데 아직도 이곳에 있는 것을 보고 내가 오히려 놀란 것뿐입니다."

웃기면서도 슬프다. 이는 우리 모두의 이야기이다. 도망쳐 가지 않으려고 해도 가야할 곳이 저승이다. 인간세계는 빈부귀천이 있어 불평등한 삶인 것 같지만 죽음만큼은 누구에게나 평등하게 주어진다. 중국의 사상가 열자는 죽은 사람을 '돌아가셨다(歸人, 귀인)'라고 표현했다. 그래서 우리는 사람이 죽으면 "돌아가셨다"라고 말한다. 이 표현은 '죽은 뒤에 누구나 다 돌아갈 고향에 먼저 가서 기다리라'는 뜻이 담긴, 사자에게 건네는 위로의 말이라고 생각된다.

부처님 재세시에도 당시 전염병이 돌아 수많은 아이들이 죽었다. 이때 부처님은 유가족들에게 이런 말씀을 하셨다.

"재가 신자여, 너무 슬퍼하지 말라. 죽음이란 어느 가정에서나 일어나는 현상이요, 모든 존재에게 필연적으로 일어나는 일이다. 이를 면

할 자는 아무도 없다. 바르게 죽음을 직시하여라"

또 이어서 부처님께서 게송을 말씀하셨다.

"몸과 마음에서 일어나고 사라지는 모든 현상을
잘 관찰하여 마음을 고요케 하라.
자식의 죽음을 슬퍼하다가 어느 사이에
그대 또한 숨이 멈출지 모르는 일이다.
그대는 이 일로 해서 슬퍼하거나 노여워 말라"

죽음에 대한 염두는 '생의 백서'이다

한국인들이 존경하는 법정 스님은 살아생전에 잠시 출타를 할 때는 늘 죽어 가는 그 순간을 맞이하는 것처럼 짐을 꾸렸다고 한다. '섣달 그믐날(죽음)이 찾아오면 모두 자신의 것을 내려놓고 가니, 이를 미리 연습하자'라는 뜻에서 비롯한 행동이었다. 스님은 혼자서 이삿짐을 주섬주섬 싸고 있을 때 문득 드는 시장기 같은 것을 허허로운 존재의 본질 같은 느낌이라고 표현하기도 했다.

또한 스님은 유서를 죽기 전에 남기는 글이 아닌 '생의 백서'

법구경 마음공부

라 묘사하며 입적하기 몇 해 전 미리 유서를 써두었다고 한다.

근자에 과학과 의학이 발달하면서 사람의 평균 수명이 연장되고 있다. 하지만 생명이 양적으로 늘어난 것이지, 심신 모두의 질적인 연장은 아니라고 생각한다. 인생의 중반기에 접어들면 아직 노년이 아니더라도 인생 마무리를 어떻게 해야 할지 깊이 고민하게 된다. 만약 홀로 사는 사람이라면 미리미리 준비해 둬야 한다는 생각이 더욱 깊어질 것이다.

법정 스님 말씀대로 죽음에 대한 염두는 생의 백서이니, 가장 중요한 것은 '지금 현재'이다. 불안에 떨며 미래를 걱정하기보다는 현재에 집중해 열심히 살자.

누구나 때가 되면
반드시 죽기 마련이다

죽음에 초월하는 길을 모르고
백년을 사는 것보다 단 하루를 살더라도
죽음을 '초월하는(진리의)길'을 아는 것이 훌륭한 인생이다.
〈1천 이야기〉 114

인간은 태어나서 아프고, 늙어 가며 죽을 수밖에 없다(生老病死). 또한 어떤 물건이든 만들어지면 잠깐 세상에 머물다가 더 이상 쓸모가 없어지면 사라지게 되어 있다(成住壞空, 生住異滅). 이 원칙을 벗어나는 것은 이 세상에 아무도(사람과 물건 모두) 없다. 어떤 것이든 영원한 것은 없다(무상). 이것은 당연한 실상(實相)의 진리이다. 그래서 부처님께서는 영원한 지복(至福)인 깨달음만이 행복(무위복)이라고 말씀하셨다. 즉, 100년을 흥청망청 의미 없이 사는 것보다는 하루를 살더라도 인생의 묘미와 진리를 알고 사는 것이 값진 삶이라는 뜻이다.

부처님께서 사위성 기원정사에 계실 때이다. 한 여인이 재산가와 결혼해 아들 하나를 낳았다. 얼마 되지 않아 그의 남편이 죽었고, 아들 하나를 의지해 살았다. 그런데 그 아들이 겨우 걸음마를 시작할 무렵, 시름시름 며칠 앓더니 갑자기 죽었다. 여인은 아들 시신을 품에 안고 서러움에 겨워 거의 반미치광이가 된 채로 사위성을 돌아다녔다. 이를 불쌍히 여긴 어떤 사람이 그에게 이런 말을 하였다.

"저 위에 있는 사찰 기원정사에 석가모니 부처님이 계시는데 한번 찾아가 보세요. 부처님을 찾아가면 아들을 살릴 수 있는 약이 있을지도 모릅니다."

여인은 지푸라기라도 잡는 심정으로 기원정사에 계시는 부처님을 찾아갔다. 그는 부처님을 뵙자마자 울면서 애원하였다.

"부처님! 저는 남편도 없이 홀로 아들 하나를 의지하며 살았습니다. 그런데 그 아들이 오늘 아침 죽었습니다. 부처님, 제발 아들을 살려 주십시오."

부처님께서 그 여인에게 말씀하셨다.

"너는 마을로 가서 한 사람도 죽은 사람이 없는 집에서 불씨를 얻어 오너라. 그 불씨를 구해오면 내가 너의 아들을 살려

주겠다."

여기서 등장하는 여인의 이름은 끼사고따미이다. 그의 이야기는 《법구경》에 몇 차례 더 등장하고, 다른 아함부 경전에도 언급되어 있다. 제395번 게송에서도 다음과 같이 그를 성자 반열에 올려 놓고 있다.

"그녀는 마른 몸에 누더기 가사를 수하고, 홀로 고요히 사유하는 사람! 그를 일러 바라문이라고 한다."

또한 어느 경전에서는 부처님께서 여인에게 "겨자씨를 구해 오라"라고 하였다.

그는 죽은 아들을 품에 안고 마을로 내려갔다. 집집마다 문을 두드리며 말했다.

"제발 불씨를 주십시오. 우리 아들을 살리는 약입니다."

마을의 첫 번째 집에서 불씨를 얻은 뒤 여인이 물었다.

"그런데 혹시 이 집에는 죽은 사람이 한 명도 없나요?"

"아닙니다. 작년에 저의 아버지가 돌아가셨습니다."

그는 할 수 없이 불씨를 돌려주고 다른 집으로 옮겨 갔다. 그러나 온 마을을 쏘다녀도 불씨를 구할 수 없었다. 어느 집에서는 몇 년 전에 할아버지가 돌아가셨다고 하고, 또 다른 집에

　　　　　　　　　　　　　　　법구경 마음공부

서는 작년에 아들이 죽었다고 하고, 또 어느 집에서는 할머니가 죽었다는 등 죽은 사람이 한 사람도 없는 집은 단 한 집도 없었다.

이때 여인은 혼자 읊조렸다. "사랑하는 아들아, 엄마는 너를 살리려고 했지만, 이 생각이 잘못된 것이구나. 죽음은 누구에게나 찾아오는 법이구나." 그는 기원정사로 돌아와 부처님께 "불씨를 구할 수 없었다"라고 말했다. 부처님께서 다음과 같이 말씀하셨다.

> "사람이 살면서 네 가지를 면할 수 없다.
>
> 이 세상 모든 것은 영원한 것이 없는 것이요,
>
> 아무리 부귀하더라도 반드시 빈천해지는 것이며,
>
> 어떠한 것이든 모이면 흩어지기 마련이고,
>
> 건강한 육신을 가진 사람도 때가 되면 반드시 죽게 마련이다."

이 여인은 부처님께서 법문을 해 주기 전부터 이미 불씨를 구해 오라고 하신 이유를 깨달았다. 여인은 아들의 죽음을 계기로 출가해 비구니가 되었다. 그는 출가한 뒤 '끼사고따미'라고 불렸는데, 이는 몸이 비쩍 마르고 조잡한 가사를 걸친 채 열심히 수행하는 사람을 의미한다. 그는 무상관(無常觀)으로 수행해 깨달음의 최고 경지인 아라한이 되었다. 평생 낡은 가사를 걸치고 수행했다고 하여 비구니 가운데 '두타제일'이라고 불렸다.

불교 사상은 자연의 이치나 섭리를 그대로 드러내다 보니, 아이나 젊은이 죽음을 그대로 표현하기도 한다. 10년 전 진도에서 배가 침몰해 젊은 학생 수백여 명이 죽었다. 당시 '국민적 스트레스 증후군(트라우마)'이라고 할 만큼 많은 이가 자신의 가족이나 지인이 아닌데도 힘들어 했다. 죽음으로 인한 이별에는 서로에게 시간이 필요한 법이고, 충분한 애도 시간이 있어야 한다. 이 세상에 태어난 순서대로만 죽는다면 좋을텐데, 죽음 앞에서는 노소가 없다. 꽃피우지 못하고 죽은 젊은이와 그 부모에게 애도를 표한다.

흐르는
강물처럼

복이나 죄를 함께 여의어 마음 두지 않고,
그 어느 것에도 집착하지 않으며,
마음에 슬픔을 여읜 사람!
그를 일러 '훌륭한 성자'라고 한다.
〈참 수행자 이야기〉 412

　앞에서 여러 번 언급된 목련 존자는 부처님의 10대 제자 가운데 한 사람이며, 사리불 존자와 더불어 부처님께 사랑받은 제자이다. 북방불교(중국·한국·일본 등 대승불교 국가) 법당에서는 석가모니 부처님 좌우로 가섭(선禪을 상징) 존자와 아난(교敎를 상징) 존자를 모시지만, 남방불교(미얀마·태국·스리랑카 등 초기불교 국가)에서는 대체로 사리불 존자와 목련 존자를 모신다. 여기서는 목련 존자와 관련한 몇 가지 이야기를 소개해 보겠다.

부처님께서 여러 비구 제자들에게 "사리불은 낳아 주신 어머니와 같고 목련은 길러 주신 어머니와 같으니, 두 사람을 따르며 가까이에서 섬기라"라고 할 정도로 목련은 모범된 비구였다. 이 두 존자가 부처님보다 먼저 열반했는데, 이들이 열반한 뒤 부처님은 한 법회에서 이런 말씀을 하셨다.

"나는 지금 이 대중들을 관찰해 보았는데, 왠지 텅 빈 것 같구나. 이 대중 가운데 사리불과 목련 비구가 없기 때문이다. 예전에 사리불과 목련이 유행하고 있었다면 그 지역은 아마도 행운이었을 것이다. 사리불과 목련은 매우 뛰어난 제자들이었다."

부처님께서는 아들 라후라가 출가했을 때도 사리불 존자와 목련 존자에게 교육을 부탁했었다.

또한, 목련 존자는 신통력이 매우 뛰어났다.[3] 그러다 보니 종종 타종교인이 불교를 테러할 때 목련이 앞장서서 교단을 보호했다. 목련의 신통력으로 교단은 보호받았지만, 존자는

---

3 불교 수행에서는 신통력을 얻는 것이 목적이 아니다. 그러나 수행 과정 중 신통력을 얻기도 한다. 부처님께서는 신통력 얻는 것을 목적으로 해서는 안 되며, 남에게 과시하거나 자만하지 말라고 말씀하셨다.

외도(外道)들로부터 미움의 대상이었다. 어느 날 목련이 공양할 때가 되어 발우를 들고 걸식하러 성으로 들어갔다. 그때 외도들이 목련 존자의 모습을 보고 자기들끼리 수군거렸다.

"저 사람은 사문 고타마(부처님의 출가 전 성씨)의 제자다. 우리의 세력 확장을 방해하는 중요 인물이다. 저 사람을 죽이자."

이렇게 외도들은 몇 번이나 목련을 죽이려고 시도했으나 모두 실패했다. 그러다 세 번째 살해 시도가 있던 날, 목련은 길을 걷는 중에 외도들로부터 둘러싸였다. 외도들은 존자를 땅바닥에 내동댕이친 뒤 그에게 돌과 기왓장을 던졌다. 그는 피를 흘리며 온몸을 가눌 수 없을 만큼 맞았다. 뼈와 살이 다 문드러져 고통이 너무 심해 움직일 수 없었지만 신통력으로 기원정사로 돌아왔다. 목련이 사리불을 만나 이렇게 말했다.

"외도들의 폭력으로 이렇게 되었습니다. 나는 이제 열반에 드는데 하직 인사를 하려고 합니다."

"당신은 신통력이 뛰어나 얼마든지 피할 수 있었는데 왜 피하지 않았습니까?"

"아무리 내가 신통력이 뛰어나다고 하지만, 예전에 제가 지은 업보가 깊고 무거워 이런 과보는 피할 수 없습니다. 당연한 것으로 받아들여 피하지 않았습니다. 나는 곧 열반에 들려고 합니다."

목련이 외도들로부터 피습당해 열반했다는 소식을 듣고 비구들이 부처님께 우르르 몰려와서 이렇게 말했다.

"우리도 똑같이 외도들에게 보복해야 합니다."

"너희들은 아직도 삶의 진리를 체득하지 못했구나. 육체는 무상하고 업보는 끝이 없나니 원한을 원한으로 갚지 말라. 이것은 목련이 원하는 바가 아니다. 내가 한밤중 삼매에 들어 목련을 만났는데, 그는 어떤 원망도 슬픔도 없이 편안하게 열반에 들었다. 그는 어떤 욕심도 집착심도 하나 없는 완전한 열반을 성취한 수행자다. 깨달은 자에게는 흐르는 강물처럼 삶과 죽음이 여일(如一)하다. 죽음에 대한 초연한 자세도 수행자 삶의 한 일부분이다. 목련은 우리에게 그것을 가르쳐 주었다."

여기서 두 가지 점을 새겨 보자. 첫째, 인간은 나쁜 업을 지으면 그 업보는 언제고 받게 되어 있다. 목련은 전생에 지은 악업을 알고, 죽음을 그대로 맞이했다. 둘째, 목련은 자신을 죽인 사람에게 보복코자 한다거나 원한을 품지 않았다. 이는 목련 존자가 진리에 투철해 수행이 깊으니, 원망하지 않고 죽음에 초연했음을 알 수 있다.

그렇다면 그대는 어떠한가? 목련처럼 죽음에 초연할 수 있겠는가? 또한 악을 악이 아닌 선으로 수용할 수 있겠는가? 조용히 스스로를 돌아볼 때이다.

후회 없이 살고
미련 없이 떠나라

소치는 목동이 채찍으로 소를 몰아
목장 안으로 들어가게 하는 것처럼
'늙음과 죽음'이 목숨을 순식간에
(저 세상으로) 몰고 간다.
〈마음 이야기〉 35

 인생은 말 그대로 무상하다. 올 때는 순서대로 왔지만, 갈 때
는 순서가 없는 법이다. 언제 어떻게 될지 모르는 하루하루를
살고 있다. 애착과 탐욕으로 인생을 낭비하다가 삶의 의미가
뭔지도 모르고 죽음에 떠밀려 가지 말아야 한다. 또한, 분에
넘치는 과한 욕심을 부려 패가망신 당하는 일이 없어야 한다.
 경주 최씨 집안은 400년간 부를 누렸는데, 그 가문의 수칙

중에 하나가 '절대 진사 이상은 벼슬하지 말라'는 것이었다. 지혜로운 집안이다.

부처님 재세시 여성 신도로 대표되는 위사카가 있다. 이 위사카는 동원정사라는 사찰을 보시했는데, 이곳에 비구니 스님들이 살고 있었다. 이 사찰에 종종 수백여 명의 여성 신도들이 재일(齋日)에 계를 지키며 스님들과 함께 수행하였다.[4] 마침 위사카가 그들에게 "어떤 소원을 갖고 이곳에서 계를 지키며 수행하냐?"라고 물었다. 그런데 이들의 대답은 제각각이었다.

나이 많은 여인은 이 세상을 떠나 죽은 뒤에 천상세계에 태어나기를 바란다고 했고, 중년 여인은 자기 남편이 첩을 들이지 않기를 바랐으며, 막 결혼한 여인은 첫 아들 낳기를 소원하고 있었고, 처녀들은 백마 탄 왕자를 만나길 소원하였다. 이런 마음으로 사찰에서 계를 지키며 수행하고 있었던 것이다. 위사카는 이 여인들을 부처님 계신 곳으로 데리고 갔다. 위사카가 부처님께 여인들의 여러 상황들을 설명하자, 부처님께서 다 경청한 뒤에 여인들에게 이런 말씀을 하셨다.

---

4 고대 인도에는 재가신자들이 한 달에 여섯 차례 정해 놓은 재일(齋日)에 사찰에 가서 신행활동을 하였다. 그날은 하루 종일 불법승(佛法僧) 3보에 귀의하고, 계율을 지키는 등 스님들과 똑같이 수행한다. 오늘날로 치면 템플스테이(temple stay)와 유사하다.

"태어나고, 늙고, 죽는 것은 중생세계의 당연한 이치이다. 태어났기 때문에 늙고, 노쇠하며, 병들고, 죽어 간다. 인간의 삶이 순식간에 지나가거늘 어찌하여 여인들은 생사윤회의 고통에서 해탈하려고 노력하지 않고, 오히려 생사윤회의 밧줄로 자신들을 꽁꽁 묶고 있느냐?"

부처님께서 여인들에게 말씀하신 부분이 무엇을 말하는지 눈치챘는가? 좀 더 넓은 차원에서 해탈 열반하기를 바라는 마음으로 수행해야 하는데, 고작 현 삶의 안위만을 바라고 있는 여인들에 대한 (부처님의) 안타까움이 드러나 있다. 늙고, 병들고, 죽음이 순식간에 지나가거늘, 어찌 기복적인 차원에 머물러 있느냐는 의미에서의 안타까움이다. 삶이 무상하거늘 왜 세월을 그냥저냥 보내는 것인가? 필자가 존경하는 승려 운서 주굉의 수필 하나를 소개하려 한다.

어떤 노인이 죽은 뒤 염라대왕을 만나 항의했다.

"저승에 데려올 거면 미리 알려 주어야 하지 않소!"

"내가 자주 알려 주었노라. 너의 눈이 점점 침침해진 것이 첫 소식이었고, 귀가 점점 어두워진 것이 두 번째 소식이었으며, 이가 하나씩 빠진 것이 세 번째 소식이었노라. 그리고 너의 몸이 날로 쇠약해지는 것을 계기로 몇 번이나 소식을 전해 주었노라."

이 이야기가 노인을 위한 것이라면, 젊은이를 위한 것도 있다.

한 소년이 죽어 염라대왕에게 따졌다.

"저는 눈귀가 밝고, 이도 튼튼하며, 육신이 건강합니다. 그런데 어찌하여 대왕께서는 저에게 소식을 미리 전해 주지 않으셨습니까?"

"그대에게도 소식을 전해 주었는데 그대가 미처 깨닫지 못했을 뿐이로다. 동쪽 마을에 40세 된 사람이 죽지 않았는가. 서쪽 마을에 20~30세 된 사람이 죽지 않았는가. 또한 10세 미만 아이와 2~3세 젖먹이가 죽는 것을 보지 않았는가. 어찌 소식을 전하지 않았다고 불평하는가?"

삶은 원래 고통스럽다

우리 삶은 고달프다. 그래서 불교에서는 인생을 '노생(勞生)'이라고 한다. 한평생 고생스럽다는 뜻이다. 생로병사 4고는 어떤 중생이든 피할 수 없는 문제이다.

그런데 태어남(生)이야 내 마음대로 되지 않았지만 병듦(病)·늙음(老)·죽음(死)만큼은 얼마든지 자신의 노력에 따라 변화시킬 수 있다고 본다. 육체적으로 열심히 운동해서 건강을 유지하고, 명상·독서·기도 등을 통해 뇌운동을 열심히 하면 치매에 걸릴 확률도 줄어들 것이다. 염불과 경전 공부도 한 살이라도 더 젊을 때 해야 한다. 그러면 늙음과 죽음이 나를 저 세상으로 몰고 가는 것이 아니라 주도적으로 삶을 이끌어 당당하게 미련 없이 세상을 떠날 수 있다.

한참을 걸어 도착한 것 같다. 내가 이제까지 공부한 진리가 오롯이 이 한 권을 위해 걸어온 느낌! 완결판이라고 할까?

지구온난화로 뜨거운 여름을 막 비껴가는 무렵, 전혀 모르는 분의 문자를 받았다. 유노책주의 출판사 편집인이라고 본인을 밝히며, 조계종 총무원에 의뢰해 작가를 찾았다고 한다. 당시 필자는 매우 힘든 책을 출판한 지 얼마 지나지 않았던 터라 '머리를 쉬게 해야 한다'라는 생각에 젖어 있었다. 그래도 무슨 힘에 이끌렸는지 이들과 약속을 잡았다.

출판인들을 만나 설명을 들으며 내심 책에 솔깃했다. 마침 BBS불교방송국과 협의해 《법구경》 내용과 관련한 일을 하고 있는 중이었다. 머리로 '쉬고 싶다'라는 생각을 하면서도, 가슴에서는 출판 제의를 받아들였다.

필자는 기행문·에세이·불교사·경전·평전·논문 등 다양한 종류의 원고를 써 봤지만, 출판사 측에서 요청한 방향대로 원고를 작성하는 것은 쉽지 않았다.

그러나 지금까지 불교계에서만 책을 내고 활동하다, 이 책을 통해 일반 독자들과 만나 새로운 세상으로 한발 내딛는다고 생각하니 상쾌한 기분이 들었다. 원고를 쓰면서 가장 염두에 두었던 점은 '부처님 진리를 어떻게 하면 현대적인 감각으로 세상 사람들에게 전할 수 있을까?'였다.

필자는 강산이 네 번 바뀔 만큼의 긴 세월을 절집에서 살아온 승려이다. 태어나면서부터 출가자의 길을 걸었던 것으로 착각할 때도 있다. 승려로서, 학자로서, 작가로서의 길을 걷는다는 것은 이 세상에서 선택받은 '가장 행복한 사람'만이 할 수 있는 일이라 생각한다. 전혀 생각지 못했던 유노책주 출판사의 인연으로 세상에 좋은 책을 선보이게 되었다. 매우 감사한 일이다.

독자님께서 허(虛)한 마음으로 이 책을 펼쳤다가 이 책장을 덮는 그 순간 실(實)한 마음으로 충만해지길 간절히 기원한다.

걱정 많은 삶을 평온하게 바꾸는 법

법구경 마음공부

ⓒ 정운 2024

1판 1쇄 2024년 4월 26일
1판 10쇄 2024년 9월 27일

지은이 정운
펴낸이 유경민 노종한
책임편집 이지윤
기획편집 유노책주 김세민 이지윤 **유노북스** 이현정 조혜진 권혜지 정현석 **유노라이프** 권순범 구혜진
기획마케팅 1팀 우현권 이상운 **2팀** 이선영 김승혜 최예은
디자인 남다희 홍진기 허정수
기획관리 차은영
펴낸곳 유노콘텐츠그룹 주식회사
법인등록번호 110111-8138128
주소 서울시 마포구 월드컵로20길 5, 4층
전화 02-323-7763 **팩스** 02-323-7764 **이메일** info@uknowbooks.com

ISBN 979-11-7183-023-7 (03220)